U0667859

GOOD

加州人为什么阳光

VIBRATIONS

[法]洛尔·贡捷 著　　杨丹 译

中信出版集团｜北京

图书在版编目 （CIP） 数据

加州人为什么阳光 / （法）洛尔·贡捷著；杨丹译
. -- 北京：中信出版社，2019.8
　　ISBN 978-7-5086-7987-7

Ⅰ.①加… Ⅱ.①洛… ②杨… Ⅲ.①加利福尼亚—
概况 Ⅳ.①K971.2

中国版本图书馆CIP数据核字〔2018〕第283977号

Good Vibrations by Laure Gontier

©2017, Editons First, an imprint of Edi8, Paris, France.

Simplified Chinese translation right ©Guangzhou Southern Elite Media CO., Ltd.

Simplified Chinese edition arranged through Dakai Agency Limited

All Rights Reserved.

本书仅限中国大陆地区发行销售

加州人为什么阳光

著　　者：[法]洛尔·贡捷
译　　者：杨丹
出版发行：中信出版集团股份有限公司
　　　　　（北京市朝阳区惠新东街甲4号富盛大厦2座　邮编100029 ）
承　印　者：鸿博昊天科技有限公司

开　　本：787mm×1092mm　1/32
版　　次：2019年8月第1版
京权图字：01-2018-5968
书　　号：ISBN 978-7-5086-7987-7
定　　价：56.00元

印　　张：9.25　　　　　字　　数：140千字
印　　次：2019年8月第1次印刷
广告经营许可证：京朝工商广字第8087号

版权所有 · 侵权必究
如有印刷、装订问题，本公司负责调换。
服务热线：400-600-8099
投稿邮箱：author@citicpub.com

一本关于阳光心态的解读之书。

美好的生活并不应该被我们所处的地理位置限制。此时此刻，我们不一定能够享受到加州的阳光，但是我们每个人都能够像加州人一样阳光。

他 们 眼 中 的 加 州

曾在加州躲进森林帐篷里蹦跳当精灵，露宿沙漠野营观星当侠客，住进欧式宫殿般豪宅当公主。加州一直都是个有魔力的地方。不止是阳光、沙滩、海浪、冲浪者、棕榈树。或许你可以通过这本书真正走进加州的夏天，了解加州人阳光的秘密。

——

猫力 环球旅行家、作家、Vlogger

听到加州这个地名儿，第一个联想的词儿大概是神采飞扬。成片的海滩、落日余晖的光芒、小麦色的肌肤、阳光健康的人们，哦对，还有冲浪板、比基尼，怎么想都是令人心驰神往的潇洒感觉。但看完《加州人为什么阳光》才知道，除了这些影视剧中的印象，加州还有更加丰富的东西。它历史悠久、充满创意，更是文化自由的土壤，加州人的生活方式值得分享与欣赏。

——

咸贵人 青年作家、知名自媒体人

旅行是种境界，最美的风景是人。而提到加州，便会自然联想到电影、阳光、沙滩、海浪，耳畔仿佛还会回荡起那些经典老歌；也更仿如见到加州人的开朗，与加州慷慨友好的爽朗天气。过往多年几次造访加州的我，也正用图文来描绘这份加州遇见。

——

刘铮-行走的二次元 环球旅行家、Vlogger

加州有着得天独厚的地理位置，阳光、沙滩、气候宜人。本书中，洛尔·贡捷用她一贯擅长轻松诙谐的方式，将加州人与生俱来的生活态度呈现出来，为我们探索加州带来一些新的可能性。

——

公众号"Lulu的旅行日记"主理人

从一个法国人的视角出发来感受加州生活，谁会不喜欢沙滩、阳光，还有加州女孩呢？不管你去没去过加州，你都能从书中获得生活方式的灵感，"读感"就好像在棕榈树下漫步，手中拿着一杯Smoothie，细细品味，让阳光照进你的生活，不管你身在何处。

——

Mia Liu 时尚博主

特别鸣谢

感谢微博用户@刘铮-行走的二次元、@旅游约吗、@丁酉年冬月，以及北大心理学硕士马晓宏等在本书的出版过程中提供的巨大帮助，他们为本书提供了众多精美的图片，为读者展现了一个更美好的加州。

图片来源：

@刘铮-行走的二次元：第43页、第59页、第94页、第116页、第138～139页、第270页

@旅游约吗：第29页

@丁酉年冬月：第102～103页、第135页

北大心理学硕士马晓宏等：第39页、第76页

Pixabay.com：第48页、第51页、第54～55页、第68页、第105页、第127页、第163页、第168页、第195页、第203页、第204～205页、第215页、第220页、第225页

目录

太阳谷

洛杉矶

斯蒂迪
奥城

好莱坞

帕萨迪纳

贝莱尔

贝弗利山

卢斯费利斯

银湖

马利布

宝马山

圣莫
尼卡

洛杉矶市中心

威尼斯

长滩

N
W   E
S

圣佩德罗

前　言

　　都说优雅的法式生活和迷人的法国女郎让全世界都为之倾倒，其实，和法式生活以及有法国国际形象大使之称的法国女孩相比，加利福尼亚式的生活和神秘的加州女孩也毫不逊色，同样令人神往。和法国诸多天气阴沉的城市相比，人们提到加州，更多地会联想到阳光、沙滩、海浪、冲浪者、棕榈树，以及它那辽阔无垠的土地和美丽的自然风光。同时联想到的还有沙滩上的年轻人那灿烂的笑脸，矫健的肌肉和古铜色的身躯，一副很酷的招牌形象；女孩子们则一条牛仔短裤在身，一头层次感分明的短发，赤着双脚。人们眼前也常常浮现这样的一幅画面：夕阳西下，加州人不是沉迷在沙滩上打排球，就是在慵懒地凝视海上的落日。最后，人们还会联想到那些随口说一说就让人感觉美好的东西，比如排毒果汁、幸福大师、明星教练……一切都透着一股悠闲自在的生活气息，画面祥和自然，甜美迷人，完全是一幅明信片式的美丽风景图，有的人还为加州打上"好莱坞"影城和海滩男孩乐队的歌曲《美好时光》的标签。至此，人们对加州人和加州的美好生活的整体印象变得更立体丰满。

　　毋庸置疑，人们脑海里的这些印象是很片面的。就像当人们提到巴黎，好像只有卢浮宫、著名影星凯瑟琳·德纳芙，或者是法式长面包、法式滚铁球，还有那一顿长达几个小时的法式晚餐一样。人们对加州的这些片面印象是通过生活中各种不同方面的接触形成的。它首先来自我们身边的电影，从20世纪60年代的彩色冲浪电影到本世纪索菲亚·科波拉（Sofia Coppola）的电影《在某处》，再到2017年清新高雅的爱情歌舞影片《爱乐之城》。然后是艺术世界给大家带来的影响，这其中有著名的英国籍加州画家大卫·霍克尼（David Hockney）笔下的各种油画，尤其是他笔下那无数变幻莫测的、令人无比向往的加州游泳池。还有音乐，比如20世纪60年代充满激情和活力的海滩男孩乐队，这支令人兴奋的民谣组合的热门单曲《加州梦》，还有著名乡村摇滚乐队老鹰乐队的《加州旅馆》。它还来自无数的电视连续剧，比如《霹雳娇娃》《新飞越贝弗利》《茶煲表哥》《围攻巴黎》《贝沃奇王子》《新港纽波特海滩》。与此同时，文学也起到了一定的作用，不过它的影响力来得相对缓慢一些。布雷特·伊斯顿·埃利斯（Bret Easton Ellis）的经典小说《零下的激情》，或者阿米斯特德·毛平（Armistead Maupin）的系列小说连载让《旧金山纪事报》读者沉迷其中，前者通篇具有强烈的吸引力，后者的文字则透着浓浓的亲和力。

最后，它还来自那些喜欢吹嘘的杂志和网站，或者社交平台的博主。这些博主喜欢在网上吹捧和展示最新的加尼福利亚式的美好生活情趣。

加州的伟大在于它是一块永恒的、自由的，且有创意的土壤。它是各种先锋运动的发源地和政治中心（这里是20世纪70年代爱与和平运动的摇篮，是捍卫和维护同性恋者权利的基地，也是当今互联网"极客"共享信息的平台）。历史悠久辉煌的好莱坞城持续闪耀着它的光芒，但同时又与时俱进，毫不故步自封。好莱坞新一代的影星展现着一种活跃的形象，他们有着强烈的社会责任感，积极地参与各种社会活动。更新颖的是出现了一批女性创业者，她们在聚光灯下向公众展示自己。她们当中有奥斯卡女星格温妮丝·帕特洛（Gwyneth Paltrow），她创办了一家名为顾鹏（Goop）的出版公司，致力于推广美好的生活方式。还有好莱坞影星、辣妈杰西卡·阿尔芭（Jessica Alba），她打造了一家名为诚实（Honest）的化妆品公司，专注于生产有机无毒产品。卡梅隆·迪亚茨（Cameron Diaz）则在她写的畅销书中传授和分享她有关锻炼、饮食和保持阳光心情的经验。这些并非只有名人才能做得到。比如索菲亚·阿莫鲁索（Sophia Amoruso），她最开始只是在易趣网上卖四处回收的旧衣服，后来逐渐发展壮大，最后她创建了自己的独立平台Nasty Gal（女性服饰销售网站），由此通过电商打造了个人的时尚帝国，成为时尚电商的开创者之一。她在自传《女老板》里向大家讲述了她成功经商的经历，鼓励女性创业成为女强人。

同样，还有那些无数的所谓"明星瑜伽教练""奥斯卡化妆师"和其他众多的幕后工作者，他们从银幕背后走出来，和明星们一起站在了聚光灯下，并由此打破了平凡和天才两者之间的分界线，使得社会出现了新的社交潜规则。这种现象我们在说唱艺术界里可以看到（比如说唱歌手兼服装设计师坎耶·维斯特　Kanye West），在时尚圈里也能看到类似的现象（比如肯达尔·詹娜 Kendall Jenner）。

一代又一代，加州人传承着他们骨子里固有的热情和坦诚。他们忽远又忽近，让人感觉遥不可及的同时又让人觉得容易接近。加州人的生活方式也逐渐成了一种象征。他们没有意大利的韦士柏牌（Vespa）轻便踏板式摩托车，但无论是在每天的柴米油盐中，还是在现实的琐碎日常中，他们都努力地保持着一种积极向上的乐观态度，大家会在这本书中读到更多的细节。他们也没有丹麦那温暖柔和的长筒羊毛袜，但他们对各色的民族服饰、有机美容护肤品和充满风情的各种饰物有着很特别的爱好。毫无疑问，正是这些原因吸引了4万多名法国人来到加州（当

然，不得不说，其中也有的是因为工作的需要）。法国驻美领事馆2015年公布的数据显示，洛杉矶有22 654名法国人，而旧金山则将近2万人。这样看来，加利福尼亚是全美法国人最多、对法国人最友好的一个州。再看看其他城市的情况，更说明了这一点：纽约大约有3万法国人，华盛顿约有13 500人，迈阿密有11 200人，芝加哥11 000人。不过在新奥尔良这个和法国关系密切的城市，法国人却有不到1 000名。

4万余名法国人中，也包括我这个过去多年来只是到加州度假的人。3年前，和大家一样，我被加州的生活质量吸引，终于决定在洛杉矶定居下来。一方面是因为我厌倦了巴黎的阴沉天气，另一方面也是因为我想尝试新的人生，寻求新的职业发展，同时也想为我的女儿们营造一个双语环境。当然,我毫不讳言,也是想让自己的人生有更多的乐趣。

在加州安顿下来后,我处处都感受到了美国人那种乐观开朗的生活态度。而在过去,作为一名单纯的游客,我印象最深的首先是他们那待人接物的方式,那种处处以顾客至上的方式。人们常说美国人热心肠,他们那种近乎阿谀的热情有时甚至会让人感觉不自在,但同时他们又会用一句永恒的、悦耳的"欢迎光临"让人释然。哪怕顾客什么也没有买,卖家依然热情地诚恳以待,因为他们明白这不是一个简单的买与不买的问题,而更是一个态度问题,是店铺或者品牌的形象问题。

此外,美国人的实用主义思维方式也让我吃惊不小,同时也让我大开眼界。他们除了开创各种快餐行业,还发明了"得来速"这种服务模式——顾客留在自己的车里点餐,餐厅直接送餐到车里。这里的商店星期天也都开门,超市二十四小时营业。另外,如果你去超市购物,付款时居然会有人帮你把酸奶、香蕉或者意大利面装进购物袋里,而你只需"袖手旁观"!我由于法国人的惯性,总是犯同样的错误,在"乔"超市里(类似法国的"单一价格"超市的食品部,卖的都是家居必需品,价格不是很贵,但包装设计都很漂亮),我总是在收银员扫描过商品后很自然地自己动手把东西装进购物袋里。我的这种行为换来了他们高度的赞扬和感谢(谢谢你帮忙装东西)。而我的先生却在一旁提醒我说,你这样做会让他们不高兴的,你抢了他们的工作,会让他们觉得自己的工作没有做好。

还有一个现象也让我们这些居住在当地的法国人感到既好奇又羡慕:我们常常看到有很多人拿着手提电脑在咖啡馆里免费上网,而且一待就是几个小时(在此之前,我们这些人在国内还没有见过这种情形,这种模式当时还没有引进到法国),他们甚至不需要消费,在这里上网几乎是来客的权利。不过这种情形现在少见了。随着大批的时尚饮品和快餐店的出现，如今一杯由酒吧调酒师精心调制的卡布奇诺咖啡价格不菲，好在和过去一样，人们还可以随意地要普通咖啡和苏打水。像我这样一个喜欢喝茶的顾客，也可以随意地要求添加白开水，有时他们还会免费给我一个新的茶叶包。

总之，美国，这个国家真是太吸引人了。他们的厨房水槽下面甚至还装有垃圾粉碎机，你可以不用垃圾桶而直接把果蔬皮放在水槽里经磨碎后冲走！

如同一个装饰品的背后

读到这里，大家是不是都在这么想，在看到这许多的同时，我应该会很快地发现这个社会的另一面。我是2014年夏天来到这里的，当时整个社会还处在对奥巴马强烈拥护的氛围里。（不过当地人对他的认可度倒不是很高，加州人认为他执政过于谨慎。这种热爱更多的是一种国际上的认可，因为全世界的人都喜欢这个无与伦比的男人，包括他身边那位优秀的伴侣！）今天，对世人来说，美国人背后那大家看不清的一面已经不再神秘了。准确地说是自2016年11月8日，当大多数准备迎接一位美国女总统的美国人（包括他们的竞争对手）无比意外地看到唐纳德·特朗普当选的那一天起。是的，就是这个负面新闻缠身、推特文字水平一般的亿万富翁。他被世人指责说有种族歧视倾向，缺乏执政经验，并且没有主见，尽管如此，他还是赢得了将近6 300万美国选民的选票。美国人在自己内部分裂加剧的同时，又为社会前所未有的团结而感到自豪和骄傲。

说实话，在这样的社会背景下，要毫不眨眼地描述一幅美好的加州生活蓝图并不是一件容易的事。非常感谢身为编辑的好友索菲建议和鼓励我撰写相关的主题，一个复杂的又吸引人的主题！

诚然，加利福尼亚，这个20世纪60年代反叛运动的摇篮，70年代反文化运动的发源地，同性恋权利的捍卫之地，在全美各大州中从来都独树一帜：加州人的政治主张普遍偏向民主党，生活状态更多的是悠闲放松式而不是处于一种紧张的状态。和纽约人一样，加州人也总觉得自己和美国广阔的版图上的其他州的人不同。他们甚至上街示威游行要求成为一个独立的国家。不过，在洛杉矶，我在大街上还是会碰到一些人穿着印有支持唐纳德·特朗普图案的T恤衫（当然，我看到更多的是反特朗普图案。这些图案千奇百怪，有的还很好笑）。美国这种深刻的社会矛盾让我们这些法国人感到既吃惊又新奇，批评的同时又不乏赞美，这样一来，我们客观地谈论和分析起它来时，相对来说反倒比较容易和自

在一些。在这本书里，我将会谈到很多方面的东西，比如加州人健康的生活方式，他们反对肥胖症和垃圾食品，我们在圣莫尼卡海滩（Santa Monica）碰到过这个情况；加州迷人的家居装饰风格；美丽的大自然，包括他们那让人惊叹的高速公路，为了建设高速公路有时他们甚至不惜拆迁整个社区；还有他们那让日常生活充满正能量的积极乐观的心态。当然，还有不少社会问题，比如新闻中不断的各种携枪血案，没有失业保险的社会压力，仅仅只有两个星期的带薪假期，洛杉矶贫民窟那5 000多个无家可归的流浪汉……

不过，既然太平洋海岸就在我住所半小时的车程之内，我还是去看大海吧！

三年的洛杉矶生活，我学会了欣赏加利福尼亚人健康美好的生活方式，这种生活方式给人一种归属感，让人汲取灵感，充满正能量和生活激情（更确切地说是洛杉矶人，旧金山的生活风格并不完全相同，给人的感觉没有这么理想）。我通过一个巴黎人的眼光来观察和感受他们的生活方式，我被他们吸引，向他们学习，汲取其精华，有时候思维也会被搅乱。我尽可能地总结各种经验，并学以致用，无论身处热带阳光的棕榈树下与否。今天，因为生活的原因，我又要离开洛杉矶回到法国了。不用说，我会在我的行装里满载着这个阳光灿烂地区的生活哲学，用它来备战生活中阴雨蒙蒙的日子。在万里之外的另一个国度里，我会尽力展现加州女孩的气质。

洛杉矶

洛杉矶是加利福尼亚州人口最多的城市

4 042 000

截至2017年1月1日

1290.6 *km²*

洛杉矶面积

（备注：洛杉矶城市行政区域的划分有些复杂，有几个比较著名的区域，比如贝弗利山庄和圣莫尼卡实际上是各自独立的地区。但是这些城市"从文化的角度来看，和洛杉矶基本是融为一体的"，维基百科上如是说。大部分居民也持同样的观点，包括我本人。大家在本书中会体会到这一点。）

希拉里·克林顿 VS 唐纳德·特朗普

65 853 516   **62 984 825**

2016年美国总统大选中，民主党的希拉里·克林顿获得了65 853 516张选票

2016年美国总统大选中，共和党的唐纳德·特朗普获得了62 984 825张选票

（前者比后者获得的选票超出将近200万张，希拉里的败选更多的是因为美国复杂的选举人团制度）

萨克拉门托

加利福尼亚州州府所在地

旧金山

加利福尼亚州人口第四大城市

874 000

2017年1月1日居民数量

圣迭戈   &   圣何塞

1 392 000   1 046 000

居民数量   居民数量

《 S 》

　　这是洛杉矶市在2017年通过的一项政令的名称，这个政令旨在允许城市加快高楼大厦的建设或其他的房地产开发项目，从而改善房产市场供需紧张，抑制高涨的房屋租金，并且能够让所有喜欢洛杉矶生活方式的人能够在此乐有所居。当然，这是一个相当有争议的政令。

第 一 章

阳光思维

快乐疗法的无敌魅力

　　洛杉矶，有人亲切地称它为"洛城"或"天使之城"。对特殊的好莱坞来说，它更是一座电影之都。

　　在这里，我们可以看到电影里无数次看见的大街小巷和建筑物——这里是影片《油脂》里的中学，那里是影片《步步惊魂》里的水泥河道，还有大卫·林奇（David Lynch）的影片《穆赫兰道》里的穆赫兰大道，以及影片《艺术家》里的老电影院。洛杉矶的景色也让我沉醉，它那难以置信、无处不在的辽阔风景，夜幕下四射的光芒，傍山而立，建筑风格独特的房子，20世纪50年代诱人的快餐厅遗迹，还有我所在的银湖小区（Silver Lake）里那琳琅满目的时尚橱窗，以及那些可以让我从城头吃到城尾的各种餐饮美食……在洛杉矶这座城市里，快乐的源泉让我的存在感变得悠长。

　　不过，别让我们的步伐前行得太快。让我们放慢脚步，从头开始，好吗？

　　出发前我想象中的新生活是这样的：广阔的空间、无处不在的汽车、一杯天价的红酒、一盘奶酪，或者仅仅是一盒饼干，紧绷得像瑜伽裤子一样的新潮牛仔裤，还有那每年8月、9月，甚至10月还在持续的炎炎夏日……尽管如此，我还是一切准备就绪，快乐而又兴奋地踏上新的人生历程。

在洛杉矶安顿下来后，我发现遇到的人都是那么热情友好，很出乎我的意料。首先，我看到的笑容常常是笑口大开的那种，接着，你在相识时就可以感觉得到他们那乐意交往的诚意。在交往过程中你看到的也都是友善的面容，感受到的是和蔼可亲的态度，他们还会时不时幽默地开一些小小的、活跃气氛却毫不伤人的玩笑；此外，他们看待一切事物都带着一种积极和赞美的态度。

这种起源于20世纪50年代的乐观思维方式，或者说阳光思维方式颇受社会争议，它和库埃疗法[1] 很类似，指出人可以通过自我的强大心理暗示作用来解决现实生活中遇到的诸多问题，从而让自己的生活变得更加开朗快乐。

这些对我这个带着戒备心理的巴黎人来说是陌生的，并且让我很不适应。我感到了一种洛杉矶的文化空洞，并且在某一天和一位结识不久的美国朋友聊天时把它表达了出来。她很有礼貌地打断我的话，微笑着但语气坚定地说，我和你的看法不一样，不过没有关系，请你继续说。这使我很难再继续抱怨。

心情：保持阳光

法国人有时的确言语犀利，虽然这只是一面，但的确，法国人容易情绪激动，喜欢抱怨和批评，看事情比较消极，尤其喜欢抱怨天气。

在洛杉矶很少听到有人抱怨天气。不仅仅是因为这里的气候比世界其他多数城市都温和（对比一下加州其他的城市，比如旧金山，这是个

---

[1] 法国药剂师埃米尔·库埃20世纪20年代发明的乐观自我暗示治疗方法。

习惯了毛毛雨和雾天的城市）。11月就到了人们说的冬季，你别笑，这真的是他们的冬季。在这个季节里，你可以感觉到太阳光的冷，看到树木的凋零（当然不是所有的树木都这样，这里生长着来自世界各地各种气候的植物，其中棕榈树是洛杉矶的象征之树，一年四季常青）。下午5点夜幕降临，这时你感受到的冷会让你联想到电影里的西部牛仔在沙漠中裹着被子面对篝火睡觉的画面。白天里就算人们可以只穿套头衫，甚至不怕冷的人可以只穿短袖T恤衫，但到了晚上大家还是不得不拿出厚外套。我见过不少上了当的法国游客：他们坚定不移地相信传说，固执地认为"那里的人们一年四季只穿人字拖"，然后在出发的时候，行李箱里不会装一件毛衣。

洛杉矶的冬天，同时也是雨季的代名词。对，喜欢侦探小说家雷蒙德·钱德勒（Raymond Chandler）的读者们都知道，小说里的著名侦探菲利普·马洛（Philip Marlowe）总是穿着他的那件防雨外套，"因为随时都会有雨"。

"南加州从不下雨，它只下'大'雨，下'大'雨"，阿尔伯特·哈蒙德（Albert Hammond）在他的一首歌里这样唱道。从歌词里大家可以想象得到南加州从不下雨，而只下"大"雨的情景。我的美国朋友对我说，就在前不久，这里持续地下了将近两个星期的瓢泼大雨。现在大自然气候变化无常，在我初到的头两个月，雨水少了很多，甚至出现了前所未有的、让人担忧的干旱。山里的水少了，森林里出现了最高火灾危险预警牌，居民家中给庭院草地浇水也受到了时日限制，甚至餐馆里桌子上供应的水也受到了制约，过去餐桌上摆放的水壶消失了，现在只有在顾客开口要求的情况下才会提供送水服务。

人生态度：积极乐观

2016年到2017年的冬天，大自然恢复了生气，有雨水的天数打破了纪录，刮风下雨的日子很多。道路泥泞混乱，交通十分拥堵，人行道上水流如注，树倒在公路上，路上大面积的难以越过的水洼，山谷堵塞无法前行，这种情形下却没有人抱怨连最起码的不满都没有，很多人甚至觉得高兴。为什么呢？他们说这雨水对大自然有益，对农民、对这座城市、对自然风景都有好处。比起个人微不足道的利害，这些更值得人们高兴。为了庆祝这雨水的到来，喜欢在instagram[1]上晒照片的加州人发放了许多雨季的照片，并且他们还给这些雨季的照片打上了"棒极了"而不是"糟糕透了"的标签。同一件事情，有的人看来觉得是那么的糟糕，而有的人却觉得是件好事。两者的区别在于后者能换位思考，总是以一种积极的态度来看待生活中的人和事，这就是积极乐观的"半杯水"[2]效应！

---

1 instagram是一个国外的图片社交网站。
2 译注："半杯水"效应指的是面对半杯水，乐观的人看到自己还拥有半杯水，觉得很快乐，悲观的人想着自己只剩下半杯水了，感觉到忧伤，快乐之道在于要看到和珍惜自己拥有的那一半。

洛杉矶的天气情况

气温：

最寒冷的冬季

一月份

平均气温在9.8℃到20.3℃之间

最炎热的夏季

八月份

平均气温在18.8℃到29.3℃之间

平均降雨天数：

一月份

平均降雨天数为6.1天

八月份

平均降雨天数为0.3天

一年

平均降雨天数为35.5天

谢谢你，谢谢你，再次感谢你！

　　乐观进取的生活态度是美国社会的精神支柱之一，是一种社会礼仪，只是他们的这种态度常常让世人不以为然。法国人用"特洁牌高级亮白牙膏"的说法来形容美国人夸张的露齿笑容。他们一方面觉得美国餐馆服务生的态度太过殷勤，客人点菜时服务生过于附和（比如你今天点的这道菜实在是点得太对了！这是我们餐馆的招牌菜等。这样的赞美我不知道听过多少次了），另一方面当他们的服务态度不那么热情时，人们又开始皱眉抱怨。见面打招呼的拥抱方式也让有些人在角落里偷笑。好吧，大家喜欢美国文化中的庆祝成功的击掌手势，这个手势用于两人之间，动作是两人各高举一只手，并向对方的手掌拍击以示欢庆（比如对方开了一个好笑的玩笑，大家赢了一场棒球比赛，或者欢度圣诞夜）。他们这种击掌的庆祝方式是那么的习惯和自然，充满自信，还带着一股十足的酷劲儿。他们是在用这种积极的心态来面对来自当今社会和大自然的各种焦虑吗？抑或只是在我过去当游客到今天我成为这里的居民期间，他们的乐观心态又提升了一级？总之，我感觉到过去那些传统的问候语，比如"祝你今天愉快""祝你今天过得好"，如今都变成了"祝你度过极其愉快的一天""祝你拥有最开心的日子"。不仅仅朋友熟人才会对我这么说，随便在哪个商店里，走时售货员也都会这样对我说，哪怕我什么都没有买。

在日常生活中，我遇到的都是一些积极乐观、热情友好的加州人。作为一个外国人，加州人对我的态度尤其友好，这让我感觉好极了。他们从来不嘲笑我那法语口音很重的蹩脚英语。当我绞尽脑汁，吃力地遣词造句时，没有一个人表现出不耐烦，更没人主动地替我说出我想说的话。他们小心谨慎地把自己的语言优越感放在一旁，耐心地等着我自己说完想说的话。加州人习惯在初次见面时就报上自己的名字，并且总是很诚恳地告诉对方，结识新的朋友自己是多么的高兴。这种对外来人的欢迎使我融入当地变得自在和容易，并且丝毫没有被孤立的感觉。尤其是有一次，他们这种热情友好的态度甚至让我感到受宠若惊。那天，我参加了孩子们学校的排球比赛，要知道，我一向不喜欢排球，我总怕对方把球打到我身上，所以我总是故意躲球，要不就胡乱地抓住它。我是抱着自己那份法国人的消极态度来参加这次活动的：反正我不喜欢这项运动，反正在球场上我完全一无是处。赛事结束的时候，虽然我们输了球赛，但他们不仅丝毫没有责怪我在球场上差劲的表现，而且还都感谢我的参加。

他们总是这样乐观地看待生活中的人和事。无论什么情况，他们总是试图找到积极的一面来肯定和鼓励他人，哪怕是微乎其微的一面。

在法国和在美国一样，对这种乐观向上的生活态度以及各种相关的理论（包括那些在教育中的贯穿实施和运用）的宣传使得市场上出现了大量的相关主题的书籍。但这些和我在这里看到的、体会到的和想学习的都完全不一样。一种置身其中的切身感受让我想充分地利用在异国他乡的时间来体会和学习他们那健康阳光的心态，我不希望错过任何细节。我在新交往的每一个人身上都看到了这一点。在感受到他们身上的乐观积极态度后，我的这种欲望来得那么直接、简单，几乎成了一种直觉。我本来是一个喜欢抱怨，看事物比较消极的人，但如今新的生活，以及乐观精神使得我变得积极起来。想想看，如果我不远万里，来到9 000多公里之外的异国他乡只是为了继续放任我的乖戾性格，继续抱怨生活，那是多么不划算的一件事！那我还不如待在我原来的地方，不是吗？

大事化小，小事化了

据说，橄榄绿陨石是1480万年前由陨石撞击后形成的。相传这种石头有无穷大的力量，不但可以化解个人内心的各种纠结郁闷，还能伴随一个人的成长和转变。越来越多的石疗中心（愈合石头）出现在洛杉矶这座城市的各个角落里，石疗法是一种相信矿物质石头对人体有益而采用石头辅助医疗和养生的方法，这个称呼在20世纪70年代嬉皮仕时期的洛杉矶很流行，近年来渐渐被人遗忘了。如今恐怕只有卡戴珊家族里的人还会对石疗法感兴趣。

◆

选择矿石

矿石可以把人的精神生活和现实生活联系在一起。每种矿石都有特殊的象征，比如，石英代表人与人之间的沟通和交流，黄水晶给人安全感，琥珀使人感到轻松，还有紫水晶、红玛瑙、黑曜石、青金石、硅孔雀石等。

面对这么多的矿石种类，我们又该如何选择呢？

在商店里的售货员一般情况下会让你双手合一做祈祷状，闭上双眼，然后睁开眼睛，那块你一睁开眼就看到的矿石就是你的了；或者他会建议你快速地把所有的石头都摸一遍，然后选择最有感觉的那一块；实在不知道如何选择的话，那就直接听店员的推荐好了。

◆

尝试色谱疗法

色谱疗法，也被称为色光疗法。这可不是让你在家里粉刷彩色墙壁，而是请你戴上在棕榈树下那不可缺少的太阳眼镜！

加州有一个彩色眼镜品牌，叫色彩疗法眼镜（Color Therapy Eyewear），其历史可以追溯到1991年。该品牌推出各种颜色的太阳眼镜。据说戴这些有色眼镜对人的身心健康有益。红色让人的直觉感更强烈，利于发展业务；橘色让人热情高涨，精力旺盛；绿色使人充满同情心，给人和谐平稳感；蓝色让人有韧性，给人安全感；靛青让人集中思想，发挥想象力；紫罗兰色让人有爱心，加强人的理解能力。

这些眼镜的颜色都很酷，你可以一种颜色一种颜色地买，也可以一次买齐全套9种颜色。

◆

参加夏令营活动

这还真不是一个玩笑。在加州，近几年，除了传统的孩子们的夏令营，针对成人的夏令营也都发展起来了，这类夏令营旨在把大家带到另外一个能够完全摆脱琐碎的日常生活的地方，把人们带到一个没有手机，没有孩子，没有家人，没有上司的空间里。有些夏令营组织的活动类似于瑜伽练习，让人身心得到净化；另外则组织一些集体性的活动，比如棉花糖晚会、团体体育运动、联谊晚会等，让人感觉好像又回归到了少年时代。这类夏令营理念如今变得很潮。

◆

深呼吸

毫无疑问，深呼吸是最简单自然、最快，也是最有效的减压方法，它不但能帮助人加强感官能力，还能提高肌体的免疫力。瑜伽教练和医学界人士都佐证并强烈推荐的深呼吸法是缓解紧张情绪的最有效方法。对那些神经容易紧张的人来说，减缓呼吸可以让人感觉一身轻松，而深呼吸则可以让人的肺部充满更多的氧气。

无论是在餐馆里、公园里还是火车上，你都可以看见在深呼吸的人，这可不是单纯为了活着。什么也不干，仅仅只是集中精力，闭上双眼，一天做两次深呼吸运动，你会发现，就那么几分钟，对你的身心会有持久的帮助。

在这个科技高度发达、无处不在的社会里，各种有关深呼吸的智能手机软件产品纷纷上市，它们或是用来提醒你该做深呼吸了，或是教你如何用深呼吸来调节你的心率，抑或干脆教你如何有意识地呼吸。

◆

借用植物的力量

加州同时也是一个绿化程度很高的城市，植物芳香疗法也很受大家的欢迎。你可以在家中的院子里种上一株植物或者直接去花店里买一棵芦荟。另外常青藤或者竹子也都是加州人家里常见的植物。这些植物不仅能给家里添加几分大自然的色彩，同时还能消毒和净化空气，它们散发出来的芳香还能给人一种安静平和的感觉。另外还有精华油，你可以在家里点上一盏精华油香烛，也可以买一瓶精华油喷雾，去开会前用它喷一下，或者简单地在耳根后面抹一点。这些都可以帮助减压，缓解紧张的情绪。尽管时下干旱，各个自然疗法中心还是会推出配有各种植物香料的盐浴。其中最常见的香料有让人身心放松的薰衣草、鼠尾草和香草，还有具有解毒功效的桉树和让人更加有朝气的血橙。

◆

自我保养和治疗

让我们借用前面刚刚谈论过的话题来进行自我保养和治疗。把各种不同的理疗方法混合运用在洛杉矶是一种很普遍的现象，同时也是一个备受争议的话题。的确，混合不同的理疗方法看起来是有些乱七八糟，这些混杂的以及各种衍生的理疗方法还会有潜在的危险，最好还是去咨询专业人士，看专科理疗医师。虽然各种批评的声音不断，但这并没有妨碍混合理疗概念的流行。比如把针灸推拿和心理疗法结合起来，同时打坐或采用瑜伽坐姿，旁边再放置1公斤的橄榄绿陨石，理疗师透过鼻梁上的有色眼镜（比如紫色）看着你，这样的混合理疗方法在当地是很常见的。其实无论哪种方式，重要的是对一个人的身心健康有益。

好吧，我是一个十分懂得学以致用的人，我努力把观察和学习到的东西运用到自己身上，并把它们付诸日常生活。我把自己感受到的各种暖意、善意，以及各种乐观开朗的精神以同样的方式反馈到他人身上。你别说，这些看起来好像没有什么，但它们的确让人欣赏到更多，美好的感觉多了许多。

充满激情，尽情享受，满怀热爱之情！

热爱和欣赏，这是加州时下流行的概念语。人们在"玩得开心""很棒""尽情享受"等类似的表达里可以直接或者间接地感受到这份热爱和欣赏。其实，美国人并不是一个懂得享受生活的民族。在餐馆里，我常常惊讶于他们进餐的速度。我看着他们进餐馆，坐下，开始点菜，然后吃饭，直到最后付款离去，而在这整个的过程中我还在吃我的头盘菜。我甚至还听到一些服务生这样催问顾客："你还在吃这个吗？"（在法国餐厅里这种情况下服务生会问："你用完餐了吗？"）这真是让我吃惊。有些大大咧咧的顾客干脆回答他们说："我不是在吃这个，我是在享用我的午餐！"还有我女儿的一些同学的妈妈，她们的行为也让我感到吃惊。她们会把自己的一些紧张情绪和负罪感感染给孩子们。一天，孩子们都去参加一个朋友的生日宴会去了，我和其中一个孩子的妈妈坐在一起喝咖啡聊天。我很高兴和她一起分享这片宁静的时刻。一开始，她看起来也和我一样高兴，因为她一直在滔滔不绝地表达着这份喜悦："啊，没有孩子的时候真好！""啊，终于有一点属于自己的时间！好多年我都没有这样过了！以后我要常常这么做！我要每个周末都这么做！"这个时候，你会感觉到这个妈妈是个十足的懂得热爱和欣赏生活的人。可是没过多久，在孩子们的生日宴会结束前还有半小时的时候，她就匆匆忙忙地提前赶去接孩子去了，好像所谓的"完美妈妈"形象突然一下子又重新附着在了她的身上。

时刻心存感激

好在这里的人们对他们的生活有自己的欣赏方式。我尤其欣赏他们那份与生俱来的对夕阳余晖的热爱和欣赏。不得不说美国西海岸的落日实在是太美了，尤其是洛杉矶的落日。傍晚时分，沿着海滩，你总是可以看到人们驻足欣赏美丽的加州落日的画面。我甚至看到穿着皮衣、留着大胡子的摩托车骑手特地从他们的哈雷摩托车上下来欣赏海滩落日。人们不仅自己欣赏，还纷纷拿出手机拍摄，然后把相片放在各种社交网站上和大家一起分享。

除了落日，加州人同时也很欣赏大自然，不论是眼前的还是远处的令人愉悦的自然风景。美国人常年在自己的国土上四处观光旅游，尤其喜欢去他们的国家公园——优胜美地国家公园（Yosemite National Park）的松林，死亡谷国家公园（Death Valley National Park）的彩色沙漠，约书亚树国家公园（Joshua Tree National Park）的仙人掌……只要有机会，加州人就会去有名的棕榈泉（Palm Spring），或者温泉水疗度假小镇（Desert Hut Spring）泡温泉，抑或去赌城拉斯维加斯（Las Vegas）疯狂一番，再或者去州道太平洋海岸风景道路（Pacific Coast Highway，PCH），去著名滑雪圣地猛犸山（Mammout Mountain）滑雪。不得不说他们的节日安排是实用的：除

感恩咖啡餐厅

在洛杉矶，威尼斯，市中心，
比佛利山庄等地有多家地址
cafegratitude.com

了7月4日的国庆节，他们的法定节日都定在了星期一。比如9月的第一个星期一是劳动节，1月份的第三个星期一是马丁·路德·金（Martin Luther king）纪念日。这样一来，周末加上星期一的节日，大部分在职员工都可以享有三天大周末，可以好好地休息和出去度假。在这一点上，他们的政府官员的确做得很好，让大家有机会享受节日长假期与大周末。

有一家微型连锁餐馆把"欣赏"和"心存感激"的理念融入到了它的运营模式当中，并因此取得了显著成果。它就是"感恩咖啡餐厅"。

感恩咖啡餐厅（还有我个人的）感恩方法

感恩咖啡餐厅的宣传语是"你今天要感恩的是什么？"。这句宣传语还被他们印在了餐厅的所有盘子上。

◆

咖啡厅提倡每天问自己一个问题，点菜时餐厅的服务生也会问这类问题。比如，今天吸引你的是什么？你什么时候觉得自己最强大？今天什么事让你最开心？和平能给你带来什么？什么时候你感觉学到了东西？你最大的优点是什么？

有意识地欣赏美丽富饶的大自然，同时也应意识到它的脆弱。注意健康饮食：吃纯植物成分的产品、有机物、时令水果和蔬菜，注重生食。

"热爱生活，热爱自我，宽容大方，接纳周围的世界，每天心怀感激之情。"这是感恩咖啡餐厅网站上的宣传语。

现在回头来看看我自己。为了驱赶我脑海里的消极思维，我也开始写感恩日记。这种几年前在美国盛行的感恩日记近年来也流传到了法国，尽管它是那么老式，形式类似于我们平时的个人日记。其理念是这样的，每天（或者每两三天，节奏以不要让它成为日常生活的负累为好）都记下一天当中让我愉快的时刻，那些让我们感觉美好的事情。它可以是一块美味可口的甜点，可以是一个热情帮助你完成任务的同事，可以是一个美妙的时刻，也可以是一部感人的电影，哪怕只是一个简单的让人感兴趣的细节，抑或是一个完全属于自己个人的快乐，或者是某件对人类、对世界的未来充满信心的事。

我定居洛杉矶后几个月就开始写感恩日记了，现在把它重新拿出来读，觉得很有趣。里面什么都有记载，事情也都大小不一。比如有完成一件工作的骄傲，有闻到花园里茉莉花香的喜悦，有发现一个新的艺术画廊的开心和享受，还有学校家长会时和其他家长一起聊天的快乐……

加州的音乐世界

《加州女孩》（California Girls）和《美好的共振》（Good Vibrations）

这是迷幻摇滚乐队海滩男孩（Beach Boys）的两首歌曲，具有浓郁的20世纪60年代的阳光海滩文化气息。《加州女孩》这首歌是该乐队的专辑*Surfin' U.S.A.*里面的单曲。

《加州梦》（California Dreamin）

这首歌是美国民谣组合妈妈爸爸乐队（The Mamas & The Papas）的两位主唱1963年在纽约写的一首歌。它让人们从此对加利福尼亚渴望不已！

《加州旅馆》（Hotel California）

这首忧伤的经典歌曲体现着浓郁的20世纪70年代人的精神思想，上百万次地被人聆听。它是美国著名的乡村摇滚乐队老鹰乐队（Eagles）的歌曲。

◆

《洛杉矶女人》(L.A. Woman)

加州人的梦想? 用洛杉矶摇滚乐队大门(The Doors)的主唱吉姆·莫里森(Jim Morrison)沙哑磁性的声音来渲染好莱坞日落大道的梦幻气氛!

◆

《赤脚在贝弗利山庄》(Barefoot in Beverly Hills)

我不熟悉20世纪80年代的贝弗利山庄,但是通过这首格蕾丝·琼斯(Grace Jones)的歌的旋律我看到了它。

◆

《我爱洛杉矶》(I Love L.A.)

兰迪·纽曼(Randy Newman)的这首歌写于1983年,是一首人人随口都会唱出的歌曲,内容也不全都是对洛杉矶的肯定,在任何一家咖啡馆里都能听到。尽管如此,歌曲里体现着洛杉矶的声音。

◆

《加州迷情》(Californication)

红辣椒乐队(Red Hot Chili Peppers)的这首歌也不是一首对加利福尼亚描述很中肯的歌,但是它是一首洛城籍乐队的歌。

◆

《快乐》（Happy）

法瑞尔·威廉姆斯（Pharrell Williams）这首歌的特点是在它的MV里，大家可以看到洛杉矶的大街小巷、车库、桥梁、各个街角。

◆

《阳光明媚的一天》（Another Day of Sun）

贾斯汀·赫尔维茨（Justin Hurwitz）这首生命活力超浓郁的歌是影片《爱乐之城》的片头曲。它是大家在洛城开车遇到堵车的时候必听的一首歌曲！

闲聊

在洛杉矶，人们互相问候时不是匆匆地、机械地说一声"你好"，而会拉长声音、慢悠悠地说"你——好"，并且语气里带着发自内心的诚恳和愉快。不管情愿还是不情愿，人们充分地意识到问候的意义。

"你今天好吗？"商店里的售货员或者餐厅里的服务员和顾客打招呼时也都会这样问。他们特意加上"今天"两个字以表示问候的诚意（"今天"这两个字一定不能忘了）。

人与人之间的交流在加州人的乐观生活中占据着主导地位。他们的语气听起来总是那么的愉快，让人一开始就觉得放松自在。和他们在一起，友好的气氛一下子就满了上来。他们营造这种友好轻松的气氛的通用方式是闲聊，他们极尽所能地将这种简单的聊天方式运用自如。

如何理解和运用闲聊这种技巧

- 这里说的闲聊不是指像法国人那样聊天。法国人聊天不是坐在咖啡馆里就是在餐馆饭桌上，而且一聊就是几个小时。

- 也不是找女孩调情的那种。除了漂亮女孩，闲谈的对象也可以是牵着小狗散步的老太太。

- 闲聊在这里指的是那种随时随地可以开始的聊天，大家见面随便寒暄几句，不必找地方坐下来。比如在超市里和收银员随便说几句话，或者排队进影院时和前后的人搭几句话。

- 在餐馆里，问邻座的一对情侣他们吃的是什么、好不好吃这类问题，一点也不显得冒犯。有时甚至不同桌子的顾客也会相互聊天，而且还聊得兴趣十足！在这个人人都喜欢社交的都市里，人与人之间的关系网就是这样形成的。

- 整体上来说，你可以说这种闲聊没有多大意义，它只是一种简单的与社会和他人交往的方式，没有得失可言。但同时，这种简单的交往在现代都市生活中又显得如此重要：现今，有多少人常常一个人寂寞地驱车几个小时，又有多少人常常在某个角落里孤独地啃着汉堡，找不到一个可以说话的人。

- 闲聊是一种最起码的人文热情，是在世界的任何角落都可以和他人一起进行的交流。它可以给你带来走近他人的快乐。

- 这种闲聊内容只是简单的三言两语，聊的一般都是日常生活中的琐事，会避免过于严肃的话题，比如对人和事的批评，或者不友善的玩笑等。

- 短暂的闲聊。重点在于即时性和自发性，开始前不需要有任何准备，进行时也不会浪费一点儿时间。不过，在这里，想要自在地和人闲聊的话，你最好能说一口流利的英语，为此我可是付出了代价的。

- 闲聊的时光让人欢愉。

　　看看我刚搬来时受到过多少赞美。一般来说，当我在路上看到穿着漂亮得体的人时，我只会在脑海里这么感慨而不会把它说出来。如果我向对方表达出来的话，那肯定是因为我想问她一个相关的问题，比如想知道衣服的品牌。而在洛杉矶，我发现大家一定会把这种脑海里的赞美说出来，甚至可能会追在对方背后说，说完之后又马上离去。他们简直太擅长闲聊。

听听他们的赞美之词，我的牙医特别喜欢我的球鞋，还有人喜欢我的裙子、眼镜、手提包，甚至我的指甲油的颜色，或是觉得我的口音好听。还有人就奥斯卡获奖影片《艺术家》（*The Artiste*）的成功向我道贺，要知道，这部电影与我毫无关系，它仅仅是一部法国人拍摄的电影而已。

不仅我自己，我的先生也会因为一件T恤衫而受到赞美。连他的鸭舌帽、他那辆破旧的二手车也都是人们赞美的对象。几乎随时随地我都能听到人们之间互相简短而脱口而出的赞美。真是不可思议，尽管这些赞美不都是针对你的，你却能感到周围的环境是那么的美好。

当然，这种闲聊并没有什么实质性的内容，这对法国人来说是比较难以接受的。法国人对辩论有着独特的喜爱，他们喜欢对立的矛盾，或者说得委婉一点，他们喜欢开阔的、多样化的视角。我到美国时随身带了一本生活指南书，书中提醒我切忌和人谈政治。因为这个话题太敏感，容易让人产生分歧和争议。一天，一个朋友问我法国人对特朗普当选总统的看法。我一时忘记了书中的忠告，习惯性地想要给人一个全面的、无懈可击的答复。结果，我三句话还没有说完，大家的注意力已经转移到别的地方了，有个人干脆直接离开了。我完全忘记了闲聊有一个重要的法则叫作简洁，啰唆言论是行不通的。必须要把言论转化为实际行动，他们这一点尤其值得我们称赞。

洛杉矶人从不会说的话
（哪怕是闲聊的时候）

欢度快乐时光，大家一起来吧！

此刻，我很希望能听到生日卡片上印的库尔伙伴合唱团（Kool & the Gang）的经典名曲《庆典》（*Celebration*）的音符被吹响起来。这首上个世纪80年代的世界名曲和洛杉矶并没有什么关系，但它象征着欢乐、节日、庆典。

我之所以这么想，是因为我在这里发现了一种庆祝的艺术，这里的人们尤其喜欢以庆祝的形式来纪念各种官方或者私人的节日。美国人总会抓住各种节日的机会大搞商业活动，这一点让欧洲人感到恼火，尤其是万圣节时他们会买堆积如山的化妆品、服饰和成吨的糖果。不过，一旦你融入当地生活，你会发现商业化背后另外的一面：人们是真诚地在欢庆每一个哪怕微不足道的节日。

由于各个地区的学校的假期是不一样的，加上国土太广阔，在美国朋友和家人常常相隔很远，见面也很少。因此，各种节日正好是大家齐聚重逢的机会，同时也是人们结交新朋友的机会。美国人的童心很重，他们喜欢像孩子一样开心地玩耍，比如化装成僵尸、超级英雄，或者巨大的炸薯条。这些装扮服饰并不都是从商店里买来的，很多是他们自己花了几个小时缝制和涂彩而成的。

亨廷顿图书馆
地址：圣马力诺牛津路
（Oxford Road, San Marino）
www.huntington.org

所谓加州人性格开放，是那种自然的开放。他们会为一年四季中最无关紧要的节日做最正式的庆祝，而且不仅仅局限于某一个民族或团体的节日。很多人喜欢在中国春节的时候去中国城看龙灯，或者在西班牙5月5日节时穿上绿裙跳上一曲，在圣帕特里克日（St.Patrick）去随便哪一家酒吧里喝上一杯，在美军阵亡纪念日（5月份的最后一个星期一）的时候去格里菲斯公园组织一场带有美国色彩的大型野餐，或者在复活节时去亨廷顿图书馆里的公园捡彩蛋。这些节日活动都在号召大家走出家门，走向大自然。我还记得我在加州过第一个万圣节时让人兴奋的场面：大人，小孩，聚集在一起……我从来没有在我居住的卢斯费利斯（Los Feliz）社区的大街上见过这么多的人！他们好像是要向大家证明加州没有人走路的说法是不对的，至少在这一天的晚上。

无论是什么庆祝活动，重要的是大家全心地投入，不要敷衍了事，把节日过出节日的感觉。加州人重视服饰，身上佩戴各种小饰品，精心地打扮和制作各种渲染节日气氛的装饰品。

和家人朋友一起欢度的
最重要的节日

感恩节，11月份的第四个星期四

这对美国人来说是不可或缺的节日。这一天全家人聚集在一起，怀着感恩的心，围着灯火吃火鸡和南瓜蛋糕。

◆

母亲节，5月份的第二个星期天

一个关于孩子和母亲的节日，欧洲人意识不到这个节日对每个人的重要性。这一天，母亲们和儿女一起共进午餐，互相赠送鲜花、首饰，或者一起泡温泉……也有很多人去教堂做弥撒，人数仅次于圣诞节和复活节。

◆

美国独立日（美国的国庆节），7月4日

独立日这一天，大家要么去公园野餐，要么去野外烧烤，晚上还有烟花庆祝。

◆

超级碗星期天（SuperBowl Sunday），1月份的最后一个
星期天或者2月份的第一个星期天

这一天，大家会在电视机前观看一场橄榄球赛，同时全美会消耗约12.5亿只鸡翅！

万圣节（也叫鬼节、南瓜节），10月31日

万圣节，这个法国人既喜欢又讨厌的节日，它既是美国式幽默的象征，又是美国的代名词……

情人节，2月14日

这一天，各大餐馆下午6点就被预定爆满！各种与它相关的服务也热闹起来。不过，真正的情人们是不会来这里凑热闹的！学校里的孩子们把它过成了友谊节，他们互送礼物或者说几句温暖的话来传达他们的友谊。我还记得《五十度灰》这部电影的首映式也特意地被选在了2月14日这一天。

除了这些官方的节日，加州人从不放过任何机会来庆祝生活中的各种纪念日。

他们拥有广阔无垠的土地，还有美丽且多样化的自然风景，在这些地方随便组织一场小小的集体活动，很容易就能营造出节日气氛。周末，在格里菲斯公园里的大片绿草坪上，或者是在竖立着闻名世界的好莱坞大字招牌的那座山丘脚下，人们随处可以看见十多个孩子聚集在一起开生日宴会。周围的树上被孩子们挂满了彩色气球，租来的充气大城堡也给他们的"节日"增添了很多欢乐的气氛。几乎所有的公园里和大部分海滩上都配有供人们使用的烧烤用具和冷藏冰柜，孩子们可以直接用这些用具制作食物。

有一味甜点叫巧克力棉花糖夹心饼（S'mores），它是夏令营的篝火晚会上不可或缺的点心。我的一个女儿十分喜欢吃。它的做法很简单：大家用竹扦串上棉花糖，把它加热后再和融化的巧克力一起夹在两块全麦饼干之间。

这种点心很甜，让人吃了还想吃，只要有可以加热的厨具都可以做，比如壁炉、煤气炉等。

他们在家庭聚餐时的菜肴也越来越细腻和丰盛。周末时，经常可以看到一个个在各大餐馆里聚餐的家庭：爷爷奶奶，爸爸妈妈，还有孙子辈，几代同堂，围

马利布咖啡餐厅

地址：马利布拉提格峡谷路

（Latigo Canyon Road, Malibu）

www.themalibucafe.com

秘密光芒餐厅

地址：托潘加旧托潘加峡谷路

（Old Topanga Canyon Road,Topanga）

www.innoftheseventhray.com

着桌子一起吃着美味的火腿蛋松饼和土豆煎饼。最有名的两家餐馆是马利布咖啡餐厅（Malibu Cafe）和秘密光芒餐厅（Inn of the Seventh Ray），它们坐落在山谷之中，光线幽暗，带着一点野性的田园风光。这里是生日宴会和庆祝孩子满月的首选地，餐厅节日的欢乐气氛也并不会影响在此就餐的其他顾客。有个周末，我在餐馆里吃饭时碰到了一群，她们正在庆祝其中一个的生日。生日宴的主题是哈利·波特。她的朋友们各自带来了各式甜点、蛋糕和生日礼物。这样的庆祝活动，可以想象一下，她们拍下的相片会是多么的有意义。总之，在加州，人们总是想尽一切办法尽可能地走出家门，创造许多有纪念意义和难忘的时刻。

加州人不仅仅积极地利用各大公共场地，同时也喜欢装饰自己的家。到加州定居之前，我常常听到这样的抱怨：美国人看起来总是把你当成他全世界最好的朋友，他们用夸张的笑容面对你，但从来不邀请你去家里做客，因为他们很表面化。现在看来，这种说法完全是错误的。加州人很好客，他们敞开着大门欢迎你去他家做客。如果他们度假的别墅空置着，他们也会主动地向你推荐。只是他们的推荐方式太过自然和随便，以至于人们往往以为是冷漠不热情。他们会直接把房子的钥匙交给你，车也随便交给你，再没有其他嘱咐，你们自便吧。这种时候我常常会感到手足无措：哎，我能自己打开衣橱找床单吗？如果我用车的话，难道不需要问一下汽车保险的情况吗？法国人在家接待新客人的时候，习惯说"我带你参观一下房子吧"。在这里，这句话完全没有用武之地：这里的主人不带领客人参观房子！客人请自便，可以自己随意四处走动，自己找卫生间，自己去欣赏主人家墙壁上的油漆……

当然，这一切有一个最重要的前提，那就是你有一座美丽的房子，你得发出邀请，请大家来家中做客。

邀请的艺术和方式

◆ 现在大家都通过电子邮件发邀请，而不是传统的信件。邀请函可以是一封简单的邮件，也可以通过"无纸邮政"（Paperless Post）网站或Evite网站向大家发一张电子邀请卡。

◆ 发送邀请的目的是让大家聚在一起，随便一个理由都可以，比如：有朋友因为工作被外派一年，孩子满月或者生日，或者仅仅因为好久没有联系，大家见面聚一下，一起品尝红酒，听一段美妙的音乐。

◆ 受邀的客人可以带上一瓶酒或者一道自己在家做的菜或者甜点。这种聚会都气氛随意，它的魅力在于从来不会太糟糕，但也永远不会太完美。

◆ 这种聚会形式不拘，不必正式的邀请函。大家常常在电影里看到星期天一起吃烧烤的场景，基本上就来自这种形式。

◆ 家庭晚会也不必发邀请函，有也是极少的，一般是靠大家互相通知，朋友的朋友就算没有被主人邀请，也可以由朋友邀请前来参加晚会，主人因此能结识到新的朋友。

这个时候，家就变成了大家聚餐的地方，同时也成了一个人们聚会的大舞台，一个下班后圈内人聚集的场所。一般提到洛杉矶城，人们脑海常常浮现出波光粼粼的游泳池，泳池旁边的人不是在慵懒地躺着，就是在准备脱衣跳入泳池。这种家庭聚会让洛杉矶城的形象变得更丰满。

家庭聚会还有一个很大的优势是没有时间的约束，它不必像外面的餐馆和酒吧那样，凌晨两点以后就不再提供含有酒精的饮料。过了凌晨两点，调酒师就像那些白天酒吧里的工作人员一样，收起调酒的工具回家。家庭晚会一般开始得比较早，不到晚7点就开始了，这样不至于有人因为聚会持续得太长而着急提前回家。聚会上所有人都一样，手里端着一个高脚杯；在加州，所有的聚会上每个人手上都必须拿着一杯鸡尾酒。

鸡尾酒
正宗的加州生活方式

迈泰鸡尾酒

迈泰是一款西海岸人喜欢的鸡尾酒，它由白朗姆酒、琥珀朗姆酒、三重蒸馏的橙味利口酒、奥格特糖浆和绿柠檬混合制作而成。迈泰并不起源于夏威夷，而是起源于奥克兰（一个加利福尼亚州北端的小镇）！

◆

马天尼酒

虽然同时有几个美国城市都宣称自己是马天尼酒的发源地，但最可信的说法还是该酒于1862年在一个名为马丁内斯的小村庄被发明。或许是因为所谓的"詹姆斯·邦德"效应，它永远都是经典之作。

◆

边车鸡尾酒

边车鸡尾酒可能来自巴黎的丽兹[1]。不管怎么说，这款混合了法国的君度香橙利口酒或者曼怡柑橘味力娇酒，法国干邑白兰地和柠檬汁的橙色鸡尾酒清新爽口，给太阳底下饥渴的加州王国带来了宜人的凉爽。

1　译注：第一次世界大战期间，盟军在巴黎常用挎斗摩托作为交通工具，边车"Sidecar"由此而得名。巴黎丽兹大酒店认为这款酒当时是他们酒店调制出来的。

朗姆可乐鸡尾酒

这款被大家称为"自由古巴"的鸡尾酒非常受人欢迎，通常是即兴创作的。想做好这款鸡尾酒不需要调酒博士学位，尽量朝杯子里加成堆的大冰块就好啦!

法国 75 号鸡尾酒[1]

这款鸡尾酒在美国的流行要得益于影片《卡萨布兰卡》的成功，它比香槟鸡尾酒(加州一种很有名的鸡尾酒)更受人欢迎，是当地最受推崇的鸡尾酒之一。它的配料有香槟、金酒、柠檬和甘蔗糖。

玛格丽特鸡尾酒

此款鸡尾酒以龙舌兰酒[2]为基酒，再加糖和盐混合调制而成[3]。美国甚至把2月22日这一天定为玛格丽特日。

---

1 这款鸡尾酒诞生在一战时期的巴黎，以当时法军使用的一种75毫米口径大炮来命名。
2 墨西哥国酒，它的生产原料是珍贵植物龙舌兰。
3 译注：它的"盐口杯"的做法很有特色，杯口粘一圈盐，这样喝酒时可以通过盐味调和酒的口味。传说这款酒是调酒师为了纪念在墨西哥旅行而意外逝去的恋人而调制的。

莫斯科骡子鸡尾酒

这是一款由伏特加酒、姜汁啤酒、绿柠檬汁和薄荷调制而成的鸡尾酒，此款酒通常用铜马克杯盛装，所以很容易识别。

洛杉矶鸡尾酒

一款名副其实的鸡尾酒！它的水果味很浓（有橙汁、凤梨汁、百香果汁、西柚汁和柠檬汁），以伏特加和三重蒸馏的橙味利口酒为基酒，最后加上一点石榴汁；还有一种不含酒精的制作方法，这时候它就被称为旧金山鸡尾酒了。

绿色女神鸡尾酒

绿色女神鸡尾酒是那些坚持健康理念的女孩的挚爱。绿茶里加入伏特加，然后加入芝麻菜、黄瓜、墨西哥胡椒、柠檬、蜂蜜，大家可以把它当成一种抗氧化剂饮品来喝。

快乐疗法

前面谈及加州人的乐观开朗的态度以及对幸福生活的追求都来自我个人对加州社会的观察和日常生活的经验。这种对幸福的追求和向往甚至成为了一门学问，被有名的加州大学伯克利分校（简称伯克利，University of California，Berkeley）作为学科来研究。这不是个玩笑。

心理学教授戴夫·开尔（Dave Kelther）就开设了这样的一门关于幸福的课程，他讲授的这门课取得了很大的成功。前来听课的学生常常多得连教室都装不下。学校最后不得不面向大众，开放免费线上公开教学。这门线上课程开设于2014年，至今吸引了约37.5万名学员。

我们常常认为只有那些出生在优越环境中的人才会有幸福感，只有他们才会认为生活是美好而不是痛苦的，而那些出身贫寒的人生来就继承着不幸的人生。这种看法是片面的。其实，幸福感从某种程度上来说是可以学习的，就好像和化学方程式或者是动词变位一样，幸福感要通过学习才能懂得和把握。加州大学伯克利分校要求大家把这当成一门学问来研究，而不仅仅把它看作咖啡馆柜台旁的聊天内容。他们研究的内容包括各种疑问、假设和证据，这些主题是神经学家、生物学家以及心理学家通过共同讨论总结出来的。与此同时，这门学科向大家讲授了如何把科学研究的成果具体地运用到日常生活当中，从而使人获得更多的幸福感。它教人们如何调节自己的心理平衡，教大家如何走出个人的小天地，重新投入到广泛的社交生活中，或者教大家如何参与社会公益活动。这两点对于获取幸福感来说是很重要的。因为他们认为，一个人必须走出自己，超越自我，这样才会获得更多的幸福感。

这系列课程只是整个学科研究的第一步，因为在此之后，那些认真学习的学生们自己也会变成研究和调查的对象（不得不说社会科学的确是太伟大了）。调查结果让我们看到了什么呢？在第一堂课和最后一堂课之间，学生本人的主观幸福感加强了许多，这份幸福感没有在他们合上课本、离开教室后有所减弱。同时他们对生活的满意程度也有了显著

的提高。生活的压力感觉减轻了，孤独感也有所下降。并且，他们还感觉到自己与自身以外的社会人文更接近了，对人生价值也有了更深的理解，对社会有了更多的同情心。

我们可以从中了解到幸福不只是短暂易逝的东西和时光。幸福感可以通过学习来获得。一旦你掌握了方法，幸福感就会油然而生，就像熟练后你不需要菜谱，闭着眼睛就可以调好沙拉佐料一样。这门线上课程适合所有说英语的人，看起来非常有效。

加利福尼亚大学洛杉矶分校（加州另外一所著名的大学，简称为UCLA）有一所健康学院。这个学院有一个很正规的研究机构，名为大脑意识研究中心，简称MARC。这个研究中心和另外一个心理—神经—免疫系统研究中心联系紧密（他们认为一个人的身体健康不仅仅与各种细菌和病毒有关，同时他的家庭出身和社会背景也有一定的影响）。大脑意识研究中心还和另外一个研究人的神经科学和行为科学的中心有联系。他们的研究目的在于帮助提升个人的幸福感和对他人及社会的关心及责任感。为什么他们致力于这些研究呢？因为大家都观察到一个现象：当今的社会完全被各种高速发展的科技主导。这些高科技的发展本来应该让人们生活得更加美好。然而，现实又是什么样的呢？那些在大街上行色匆匆的人，他们感受到的是不停高涨的生活压力和排山倒海的信息冲击，以及越来越复杂的大千世界。在这种重重压力下，患上各种不同心理和生理疾病的人越来越多。

UCLA大学提出的解决方法，首先是让大家清醒地认识到这一点。这具体是什么意思呢？佛教创立者释迦牟尼告诉我们，生活中要处处有意识地提醒自己，警惕自己的思想、行为并关注各种行为动机。人要有意识地饮食，有意识地走路，有意识地倾听，有意识地活在当下，全神贯注于眼前的每一个时刻，而不去想其他的任何事。比如：你在吃东西时要专心致志，不要去想"今天早上的那个会议真是烦透了"或者"除了这些，我还有好多别的事情要做"等。不要让这些过去已经发生的或者未来还没有发生的事情来打扰你此时此刻正在做的事。一个人在轻松自在和高度集中的状态下做某一件事时，是感觉不到他其实就处于这种有意识地思维模式中的。当一个人在海滩上专注地看海浪波涛时，或者在壁炉前凝视炉火时，就处于这种意识状态。其余的时间里，我们可以通过打坐冥想来提升自己。打坐冥想的确是抵抗精神压力的好办法，它能够让人平心静气！

加州大学教会我们：

– 幸福不会自己从天上掉下来，它不是等待来的，我们得去寻找它。首先我们要学会如何获得幸福感。在此，我们要对教授幸福学科的老师们说一声：谢谢！

– 快乐不一定都是与生俱来的。它更像一串钥匙，你最好随身携带。

– 保持快乐和幸福的万能法则是：和他人保持联系和沟通，对人热情，活在当下，珍惜眼前的每时每刻。

精神疗法的大力推进

　　明媚阳光下迷人的风景、轻松的闲聊、美丽的鸡尾酒……如果这些还不够让人感觉幸福的话，该怎么办呢？为了能对加州有更多的了解，到加州定居之前我读了一本书。据说这本书是洛杉矶城未来的居民必读的（最后的）几本书之一。琼·狄迪恩（Joan Didion）的《顺其自然》（*Play It As It Lays*）（一本非常好的小说，只是我读得不是时候）。书中没有描绘那些明信片式的美丽画面，女主人公独自一人在高速公路上驾车急驰，把空虚和寂寞撒在了没有尽头的旅程上。这本书虽然出版于1970年，但是今天读起来依然很贴近现实生活，一点也不觉得遥远和陌生。书中的故事依然是今天的社会现实的一种写照：人们一边享受着和煦的阳光和美丽的田园风光（棕榈树、广阔无垠的空间），又同时感到陌生与茫然（孤独、寂寞、空旷）……

　　由于这种对比和现实生活中的孤独感，人们产生了对精神疗法的需求。2011年的医学档案中有一篇文章谈到了当今医学界的一个现象：过去那些在传统上不习惯给病人进行身心整体治疗的医生开始越来越多地在给病人的处方里加上一种新的药剂——几堂身心疗法课程，这是一种和百优解（Prozac，一种治疗情绪低落症状的药物）相辅成成的课程。

这种身心整体治疗法的宗旨在于把大脑和身体结合起来调理。它包括多种结合方式，比如冥想、深呼吸法，或者瑜伽式的全神贯注法，太极或气功，还有其他各种有创意的艺术活动，包括舞蹈、音乐、绘画等。

在加州，人们尤其容易接受这些种类繁多的身心疗法。我会在以后的章节里详细地谈到瑜伽。加州人喜欢瑜伽不仅仅因为它是一种让人全神贯注的身心疗法，同时还因为瑜伽可以锻炼人的身体，让人保持美丽的身材。

这里我们可以先谈谈冥想疗法。近几年来加州的冥想疗法中心层出不穷。洛城慧眼冥想理疗中心（Insight LA）提出的理念是："为了你个人的身心健康，也为了你和他人及世界更和谐地相处，请用你的同情心以及你的一切正能量的行为方式给他人带来喜悦和欢乐，给世界带来和平"。他们把这种人生哲学理念从圣莫尼卡西部的海滩一直推广到了东边的卢斯费利斯的村庄。

在洛城慧眼理疗中心长达两个半小时的冥想课堂上，医师们不停地给学生（病人）讲述这种理念，用各种传统的方式教大家如何平衡心理和控制情绪，或者教大家通过健康饮食来帮助建立平和的心理状态。一天的课程结束时，医师们又会和大家一起讨论如何学以致用，保持内心平静。

2014年，有一家名为"断开冥想"的新理疗中心开业了（Unplug，其本意是拔掉插头，断电）。这家理疗中心的创立源于对当今社会的一种现象的观察和思考：人们每天忙忙碌碌，来去匆匆，开放的同时又变得多疑，为什么没有一个可以让大家短时间冥想的场所呢？类似那种快速吹理头发的美发沙龙（Drybar，是一家连锁"非典型美发沙龙"，店里只有吹头发造型服务，不提供理发和染发服务，也不需要提前预约。这种服务快速便捷，同时价格也公道），可以让人在进去短短15分钟后带着满满正能量出来。

在这种理念下断开冥想诞生了。这家中心提供半个小时或者45分钟的课程服务。课堂上人们通过深呼吸、冥想和全神贯注等方式重新有意识地把自己的身体和大脑结合起来。你也可以选择一门叫"曼塔断开"（Unplug Manta）的课程，它教人反复地练习一种让人放松的声音。或者选择"臆想断开"（Unplug Imagine），让自己的思维完全跟着课堂上的文字和画面走。

加州人对这种全身心的理疗方式的需求巨大。因此，各种理疗中心和理疗方案层出不穷，地点遍布于山丘、丛林和沙漠中。比如"浪迹"（Wanderlust），这家2009年悄无声息地开业的理疗中心，如今成了一个巨大的聚会中心，甚至变成了许多公司举办年会的场所。他们上百人聚集在这里一起集体冥想，组成合唱团，一起练瑜伽，野外远足，一起参加各种讨论会，品尝当地特产，甚至听各种个人演唱会！

洛城慧眼冥想理疗中心地址：
-圣莫尼卡奥林匹克大道
（Olympic Boulevard, Santa Monica）
-卢斯费利斯大道
（Boulevard Los Feliz）
www.insightla.org

断开冥想
（Unplug Meditation）地址：
圣莫尼卡威尔希尔大道
（Wilshire Boulevard, Santa Monica）
www.unplugmeditation.com

另外还有一家叫作"精神岩石"（Spirit Rock），它坐落于过去印第安人举行部落仪式的地方。传说在那里连野鹿和火鸡都表现得像神明一般镇定自若。你可以在那里待上两个小时，甚至居住两个月。这家理疗中心提供各种课程和手工活动，帮助人们恢复身心健康，教大家学会面对人生的重大变化，或者唤起我们的年龄意识，教我们如何更优雅地老去（有门课程就叫"年龄的唤醒"）。

精神岩石
（Spirit Rock）地址：
弗朗西斯德雷克爵士林荫大道
（Sir Francis Drake
Boulevard, Woodacre）
www.spiritrock.org

洛杉矶不少追求内心和外界环境宁静的人会去一个小时车程之外的奥海镇（Ojai），一个美丽而传奇的城镇。在那里他们不仅呼吸着纯净新鲜的空气，吃着各种有机食品，出入素食餐馆，同时还可以去舍弗罗德山（Shelf Rod）上远足，观赏山中的峡谷，在冥想山（Meditation Mount）顶上欣赏黄昏的落日和冥想。

高地西来寺
（HSi Lai Temple）地址：
格伦马克大街
（Glenmark Drive, Hacienda
Heights）
www.hsilai.org/en

还有的人会去中国式寺庙。加州历史上一直都有很多中国人，所以中国式寺庙也不少。最有名的是佛光山西来寺（Hsi Lai Temple），它不仅吸引了众多的信徒，同时也吸引了不少素食主义者，只需要给寺庙一点小小的施舍。

随时随地进行冥想

不要总认为冥想是一件很难做到的事

不要认为自己就算冥想也无法清除脑海里那些乱七八糟的烦恼。要把冥想当成一门学科，一件比别的事情更需要学习的事情。

◆

也不要以为冥想时必须安静无声

或者认为冥想只能靠老师的引导。大家一起讨论时也可以互相帮助以进行冥想，讨论时每个人都可以给大家带来新的东西。

◆

不要感到不合时宜、被迫或无奈

至少不要觉得这和传统有什么不相适宜之处，毕竟不是每个人都对冥想感兴趣。你想要快速进行一次冥想？或者想在一个装饰新颖的空间里冥想？为什么不呢？

◆

珍惜每一个在室外冥想的机会

比如一次没有预先计划的远足，或者组织一次室外的活动。重要的是在外出时找到一个机会，脱离团体片刻去进行冥想。冥想不能仅仅只停留在书面的文字上，还要表现在实际的行动上。

有一种很特殊的冥想：高潮冥想……性幻想也属于冥想？！不是所有人都能在注意力高度集中下达到这种极度空虚的境界，这个过程就像历经艰辛寻找圣杯一样[1]。那些达不到这种境界的女性，可以考虑去体验一下美国著名的性学

1　译注：传说寻找圣杯神圣又伟大，是所有英雄最艰险、最伟大的壮举，只有配得上的人才能找到圣杯，"有能者居之"。

女作家、慢性体验中心创始人妮可·迪登（Nicole Daedone）的"高潮冥想"（Orgasmic Meditation）课程。妮可·迪登的这套课程于2001年在旧金山发行，风靡美国。《解放报》（*Liberation*）的文化栏目这样简洁地描写该课程大纲："你去上课，脱掉衣服，让一个陌生人爱抚你的敏感部位"。这里说的爱抚，其实更应该说是按摩，尽管我们处在一个比较模糊的环境当中，冥想，理疗，两个陌生人为了一个共同的目标：寻求快乐而努力走到一起。教程中有一点很重要，作者把它称为"慢性"。对方戴着胶手套，不能真的脱掉衣服，不能有不合适的色情挑逗行为，更不能用其他任何道具来进行爱抚，除了那只戴手套的手。

还有一种方法。反重力吊床（anti-gravity cocooning）是用来进行反重力瑜伽的工具，它能帮助你进行"空中悬挂式冥想"。反重力瑜伽在25年前由舞蹈家克里斯托弗·哈里森（Christopher Harrison）发明。它和传统的瑜伽的不同之处在于这种瑜伽不在地面上进行，而借助从屋顶吊下的丝质吊床，让练习者在空中完成所有的动作。

反重力瑜珈的练习过程伴有轻松的音乐和忽明忽暗的光线。练习者轻柔地做着各种伸展运动，最后结束前休息一长段时间，摆一个彻底放松的体位，进入平静的冥想状态。这种体位的摆法很简单，躺在地上，四肢放松摊开，慢慢进入似睡非睡的状态，进行冥想。这个时候教练甚至鼓励你入睡，哪怕你在进入到冥想状态之前就睡着了也没有关系。重要的是让你的身体进入到休眠状态，把宁静带给你自己，带到你心灵深处，带回家。

如何保持快乐的心情：

- 享受每一份阳光。如果碰到阴雨天，请多想想雨水对大自然的益处，对庭院里的绿草地、阳台上的花卉的好处，给农民们带来的益处。

- 把自己对社会那愤世嫉俗的态度放在一旁，哪怕它对社会有影响力，传播它不会给人带来任何美好的感觉。

- 试着从每件事中找积极的一面，在每个人身上找到让人欣赏的一面。并且不要犹豫，请把你的欣赏和赞美高声表达出来。

- 说"你好"，告诉对方你的名字，并且请记住对方的名字，告诉对方结识他你是多么高兴。

- 尝试各种不同的身心疗法，不要一开始就选择其中的一种。尝试所有，最后看看哪一种最适合你，选择让你最开心的那一种，然后再和另外几种适当混合。做冥想练习。

– 学会欣赏。风靡全世界的"正念运动"里也提倡欣赏这一理念。

– 试着走向他人。用一句简单又热情的话语聊一件极其普通的事情（比如日常生活琐事）。不用在意别人是否当真，重要的是人和人之间的交流。

– 敢于赞美别人，不期待任何回报。

– 争取与朋友们相聚，带上朋友的朋友一起参加聚会。可以在自己的家里，或者是其他任何美妙的地方聚会，这样可以给大家带来惊喜。

– 不要吝啬给他人提供建议和帮助。请牢记这一点：不要紧张地生活。

– 尽量去参加各种传统的节日活动，哪怕你觉得自己在活动中无所事事。

– 面带笑容。不妨模仿一下加州人：一年至少去看两次牙医，洗两次牙。

第二章

让你的身体
动起来

运动带来的幸福感

让我们先来看看银幕中20世纪60年代的海滩男孩的形象：年轻、金黄色的头发、棕色的皮肤，在海上冲浪。再想象80年代初期的阿诺德·施瓦辛格在加州威尼斯海滩上漫步，在卡尔加里运动中心（Gold's Gym）里锻炼肌肉的画面。还有最近大家看到的被媒体追逐的明星们胳膊下夹着瑜伽垫的照片……

人们提及洛杉矶，马上联想到的是运动以及这些经典画面。

这太正常不过了：看看加州那长达115公里的太平洋海岸线（其中沙滩长达50公里）、379座大公园（占地总面积达63.5平方公里）、40多个公共游泳池，外加大约4万个私人泳池，还有大山里众多的牧马场，以及那两小时车程之外的滑雪场……这些都让人觉得蜷缩在家里的沙发上是一件多么浪费的事！加州的人们都喜欢到室外去释放能量，喜欢在大自然中或者市中心相聚在一起。

傍晚时分，在加州随处可见正在慢跑的人，人们利用每一刻的闲暇来锻炼：他们在等公共汽车的时候会做压腿运动，在人行道上等绿灯的时候会高抬腿……有一次我甚至看到一个人在一个十字路口等车的时候做俯卧撑！除了这些室外运动之外，他们还有无数的室内运动场，有的地方甚至24小时开放（半夜12点你都能看见里面还有人在运动。而清晨6点时里面常常已经爆满）。现在还不断的有新的运动俱乐部开业。它们的设备也越来越齐全完善，越来越先进——也可能相反，越来越回归大自然，有更多的绿色植被，提供新鲜的现榨果汁。它们推出最新的流行运动，比如：新型瑜伽，室内自行车或者室内攀岩等。

全美有多家卡尔加里运动中心，
其中一家地址如下：
威尼斯汉普顿大道
（Hampton Drive Venice）
www.goldsgym.com

运动的好处：

◆ 这些为细胞大量充氧、为身体大量排毒的运动是否是加州人积极乐观的生活态度的源头？

◆ 不管怎么说，至少这些运动让他们保持着美丽的身材！

看吧！加州是全美肥胖率最低的五个州之一。当然，这个数字背后藏着人们看不到的现象，比如加州的儿童肥胖症比例极高，每六个孩子当中就有一名肥胖症患者。洛杉矶市政府为此特地做了一个宣传，号召大家多喝水，少喝苏打水和各种碳酸饮料。这个数字背后还隐藏着另外一个事实：加州是一个贫富悬殊很大的城市，穷人尤其穷，富人尤其富。这种贫富悬殊带来的后果是穷人普遍比富人肥胖。肥胖症在非裔和拉丁裔人群中的发病率要高于其他人群。这是题外话了。

但总体来说，加州人是运动型的人群，他们喜欢运动。

我的烦恼在于我是一个不喜欢，甚至讨厌运动的人。之所以我的身体还不错，那是因为我常常走路，在巴黎时我就会走很长的距离。

我的所有出行方式都规划在我的日程中。如果我要去的地方路程少于7站地铁或者公共汽车的话，我就会选择走路过去而不坐车。在楼梯和电梯之间我也会选择前者，除非下雨或者时间太紧。

欢迎来到汽车王国

在洛杉矶，走路是一种很不寻常的出行方式。如果你在大街上走路，会有人很自然把车停在你的身边问你是否需要帮助。要不然，他们会带着怀疑的目光看着你，因为你并没有在遛狗，却又在走路，他们会觉得很奇怪，你这是在干什么呢？

来洛杉矶的第一年我没有车，所以走了很多的路。结果在我女儿的学校，我"赢"得了一个特殊的称呼："那位走路的妈妈"。因为我被大家目睹到爬山丘去学校。

我很喜欢走路这项运动，走路对我来说几乎是一种仪式：仅仅早晚各15分钟的路程远远不够让我的大脑呼吸到足够的新鲜空气，也不能释放体能。在洛杉矶，白天，无论是出门上班，还是出去约会，或者只是单纯地出门游玩，几公里的路程走下来，我都到不了目的地：比起巴黎，洛杉矶实在是太大了！就算能穿过整个巴黎的路程，在洛杉矶也只不过仅仅能到邻区。

把步行和公共交通结合起来也不是一个很好的办法。对于那些住在地铁站附近的人来说，地铁是一个不错的交通工具。但是也常常出现这样的情况：最近的地铁站也在半个小时的车程之外！有的地方，比如贝弗利山庄，一个被山丘包围的城区，甚至没有地铁。

公共汽车倒是四处都可以去，前提是你必须有耐心，并且能读懂各种线路图，有足够的时间，还要能处理弄错路线或坐错车等各种意外情况。尽管政府做了很大的努力，公共汽车在这里终究不是一件很方便的交通工具。因此，人们首选的交通工具是自己的车。在这一点上，我不得不说这不是加州人生活美好的一面，以车代步剥夺了人们走路锻炼的机会。

那么，在这种情况下，加州人又如何保持着良好的健康和身材呢？可爱的洛杉矶人尽一切努力提倡和宣传运动，这里说的运动不一定非得是体育运动，但至少做一些动作，身体在"动"。

瑜伽时间！

瑜伽在很大程度上逐渐取代了各种海滩运动在加州人心中的地位。原因有很多，比如瑜伽练习更方便，在家里，或者在家附近的瑜伽中心就可以练习，练习也不需要一整天的时间。同时瑜伽也符合大家对冥想的需求，满足大家对放慢生活节奏的渴望。此外，好莱坞明星们对瑜伽的大力宣传也有一定的影响。

瑜伽不仅取代了海滩运动，甚至也改变了现代加州人在人们心中的印象。当地人必读的《洛杉矶周刊》（*Weekly*）就曾经阐述了这一点：你可以去问东边海岸的任何一个居民，他们会对你说我们只是穿着露露柠檬（Lululemon）牌瑜伽服。还有嬉皮士群体，他们会回答说，我们在这里练习印度瑜伽（namaste yoga），很幸运我们的职业允许我们在周二的上午十一点半练习艾扬格瑜伽（Iyergar yoga）。

这是有那么一点夸张，不过也不完全错误。瑜伽在全美各地都非常盛行。瑜伽协会报道称2016年有约15%的美国成年人，也就是说约3 700万美国成年人在练习瑜伽，在2012年还只有2 040万。在区域排行里，旧金山湾大都会区（La Bay Area，简称湾区），这个加州北部集中了旧金山、奥克兰（Oakland）和圣何塞（San Jose，硅谷所在地）

三大城市的大区位列瑜伽运动参与人数榜首：和美国其他的大区相比，这里练习瑜伽的人多出了59%。不要忘记旧金山是第一个在飞机场里开设瑜伽中心的城市！

人们随时随地练习瑜伽，而且更重要的是，各种瑜伽都有人在练习。

如何找到适合自己的瑜伽

– 真正想要练习瑜伽的人会尝试所有的瑜伽。哈他瑜伽（hatha yoga）是传统的方式，动作要求身体柔韧，比较容易练习。阿斯汤瑜伽（ashtanga yoga）也属于传统体系，运动强度比较大。昆达里尼瑜伽（kundalini yoga）发展了气肺学说，注重精神。艾扬格瑜伽练习则利用各种道具来帮助身体保持良好的姿势。还有流瑜伽（vinyasa yoga，意思是呼吸和动作同步），这种和呼吸配合的瑜伽在练习时身体像是会流动。

– 最广为洛杉矶人熟悉和喜欢的瑜伽是有着"高温瑜伽"之称的比克若姆热瑜伽（bikram yoga）。它的最大特点是在40.6摄氏度的高温和40%的湿度环境下练习，一个半小时的课程里有26套动作要完成。

– 洛杉矶人练习瑜伽的特点是什么？混合，再混合！"瑜伽练习"（Yoga Works）是一家连锁瑜伽练习中心，它在洛杉矶城的各个角落都有分店。最火热的一门课程叫"瑜伽练习流"(yoga works flow)。它的创意在于取各种不同的瑜伽的精华,科学地结合起来,并倡导将科学和艺术结合在一起,旨在把瑜伽改良到适合每一个人,同时也让那些时间紧迫的人可以在最短的时间内得到最大的益处。

— 湿婆里亚(Shiva Rea)推出了一种叫超级瑜伽(SUP yoga)的练习方式。这种瑜伽的练习方式是在平静的水面上放置一块平板,人坐在平板上完成各种肢体活动(这让人联想到划桨)。水面的不稳定性使人不得不加大力度来完成各种肢体动作,并且强迫练习者集中精神以保持平衡。

— 还有一种瑜伽,叫武道魂(Budokon),2002年由美国明星教练卡麦隆·夏恩(Cameron Shayne)所创。这套瑜伽运动融合了瑜伽、冥想和武术的技巧。

– 还有一种来自东部沿海的瑜伽,把瑜伽和说唱结合在了一起。当然这里没有那种大家习惯的灯光闪烁的音乐会一般的舞台气氛,这种练习是在烛光中进行的。还有一种叫空中瑜伽(aerial yoga),它的特点是人的身体不接触地面,在一张丝质吊床上进行练习,有时人还处于倒立状态,所以也被称为反重力瑜伽。

– 还有一种不同寻常,但越来越受欢迎的瑜伽——啤酒瑜伽。这是一种双赢的创意:对酒吧来说,接待成批前来练习瑜伽的客人让它赢回了那些因为想让身体排毒而离去的顾客;对瑜伽师来说,他们找到了一批新的学生,尤其是那些从来没有意向练习瑜伽的男性。瑜伽课程结束后还有一杯啤酒相伴。此时,这杯啤酒越健康口味越地道,这家瑜伽练习场就越有市场。

– 还有一种将传统瑜伽与普拉提[1]相结合的方式,瑜伽拉提(yogalates),就是把瑜伽和普拉提运动结合在一起。这种起源于1920年的运动直到20世纪80年代才被好莱坞影星广泛接受并推广,它的好处在于能够运用普拉提正确的呼吸方法来锻炼人体深层的小肌肉群。

– 此外,大家也完全可以创造一套适合自己的混合式瑜伽。练习场所可以是家里的客厅,或者外面的院子。说不准哪一天你自创的独家瑜伽练习方式也能产生巨大的社会效应呢!

---

1 译注:普拉提是以德国人约瑟夫·休伯特斯·普拉提姓氏命名的一项全身协调运动的方式和技能,强调对核心肌群的控制,加强人脑对肢体及骨骼肌肉组织的神经感应及支配。

瑜伽练习（Yoga Works）
有好几家店面，其中包括：
- 西好莱坞北费尔法克斯大道
（North Fairfax Avenue West
Hollywood），
- 卢斯费利斯好莱坞大道
（Hollywood Bd，Los Feliz）

加州每天都有新的瑜伽馆开业，但最有名的非"室外"莫属，他们把瑜伽课程同大自然紧密地联系在一起。大家一致认为，他们在instagram上展示的那些在大自然中练习瑜伽的照片最受欢迎，那些有关迷人的夕阳的照片相形见绌。

在公园里散步的时候，你会经常看到人们独自或者三五成群地享受日光浴。还有这么一群游客，他们走遍了美国的各大国家公园，不仅仅是为了观光和探险，更是为了在辽阔的大自然中练习瑜伽。比如在华斯克巨岩公园（Vasquez Rocks Natural Area Park），这个巨大的公园里面有形状千奇百怪的岩石，人们可以在上面做出各种瑜伽坐姿；约书亚树国家公园里有形态各异的热带植林，是人们练习瑜伽的好地方。

室外是练习瑜伽的绝佳场地，同时室外练习也是对瑜伽练习者精神的一种挑战。他们必须更加努力地集中精神排除来自外界的重重纷扰，比如各种声音，旁边路人们的聊天，大自然美丽的风景，夏天炎热的太阳，冬天寒冷的天气等。这种时候练习者必须更加耐心才能达到深度的冥想状态。

不同于室内的瑜伽练习房，在如此辽阔的自然空间里，你身边没有要闲聊两句的同伴，也没有要广泛结交的人群围绕。室内瑜伽练习房的好处是方便，效率高，但室外瑜伽练习简直可以说是神奇。加州人一年当中会组织许多的室外瑜伽课程，比如在鲁尼恩峡谷公园（Runyon Canyon Park）空旷的大草坪上，在提米塞尔峡谷（Temesal Canyon）的大瀑布附近和格里菲斯公园（Griffith Park）里的高山山顶上。

室外课堂还有一个好处是在开始瑜伽练习之前，人们在去往目的地的行程中已经做了一次颇有成效的远足运动。除了各大公园，沿海沙滩也是室外练习的理想场所。

从加州北部的海滨拉荷雅海湾（La Jolla Cove）到南部的太平洋海滩，中间分布着马利布海滩，圣塔莫妮卡海滩……海滩也成了大家聚集一起练习瑜伽的好地方，练习可以在水里或者沙滩上进行。

在洛杉矶市中心，上班族也都纷纷利用午餐的休息时间脱去他们的西服，到市内的格兰特公园（Grand Park）免费练习瑜伽。人们虽然身处高楼林立的大都市，但也有风景可欣赏，比如造型极有艺术感的市政府大楼，由建筑师法克兰·盖瑞（Frank Gehry）设计的有金属外壳的华特·迪士尼音乐厅（Watt Disney Concert Hall），它们远远看起来都是一道美丽的风景线，比起远处高山来也毫不逊色。

在加州，你随时随地都可能碰到穿着紧身运动裤的人，其中大部分是女性。她们通常一只手里拿着瑜伽垫，另一只手里端着一杯拿铁咖啡、珍珠奶茶，或者是一杯果汁。因为加州大街小巷无处不在的瑜伽馆、瑜伽课堂等，逐渐把瑜伽变成了一种社会文化，这种瑜伽文化几乎已经脱离了传统印度瑜伽。

这种全方位的瑜伽理念甚至延伸到了整个产业链：谁的配置最先进，谁最酷，谁最有新意，或者最有环保意识……这种现象发展到最后有了一个自己的名字，叫作"田径娱乐"。

田径娱乐

- 田径娱乐这个新兴名词把运动和娱乐结合了一起。它指的是当今加州人的一种新的美丽形象，它表现为一个人随时随地穿着全套的运动服。比如紧身衣、汗衫、有帽子的套头衫、运动裤等平时只有做运动（尤其是练习瑜伽）时才穿的衣服。

- 最开始的时候，人们只在练习瑜伽时才穿上瑜伽紧身裤。不久之后，有人在去瑜伽中心的路上就穿上了它，再后来有人在瑜伽练习结束后的休息或者进餐的时间还继续穿着它，最后发展到有人一整天穿着它，哪怕没有瑜伽练习。这里所说的瑜伽裤都是运动紧身裤，有弹性，裤子侧面某个地方会有某个品牌的标志。宽松式的阔腿裤在这里很少见，毕竟，加州人如此精心努力地保持着健美的身材，如果把它藏在宽大的衣服里面，那岂不是太可惜了。

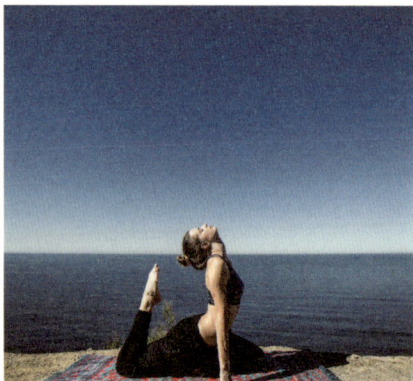

INSTAGRAM上的加州"网红"女孩

@yogagirl [1]

她是最受欢迎的"网红之一",有200多万粉丝,同时还是一本指南书的作者

@mandymartini

传授养生经验的瑜伽老师,喜欢健身、美食和大自然

@stephynow

一位瑜伽老师,同时也是一位妈妈。她的厉害之处是能让她的学生在练习过程中进入梦乡

@beachyogagirl

她在网上给大家上瑜伽课,她的博客上放满了她参加体育比赛的相片

---

1 文中出现的网络名人为网名,为便于读者检索不作翻译,其后章节中亦有此类情形

田径娱乐催生了无数以它为基础的商业品牌。比如服装行业里的品牌盖璞（Gap），各大超市也都纷纷投入到和田径娱乐有关的行业里，甚至歌星碧昂丝也投身其中，创立了自己的品牌常春藤园（Ivy Park）。

露露柠檬（Lululemon）和安德玛（Under Armour）是瑜伽服装行业里最大的两个品牌。这些以田径娱乐为基础的服装的共同特点是足够舒适，有弹性，便于全身运动，但同时又有自己的风格，不至于让人一看就是去做运动的。

瑜伽裤子会不会取代紧身细腿的牛仔裤呢？加州有一本杂志调查过这一问题。一些相关品牌，尤其是那些主要市场在加州的品牌开始推出一些类似但同时又多了几分优雅的产品。这类服装上没有特色的运动品牌标志，也没有相关的条纹，布料质地更接近穿裙子时穿的无脚连裤袜，而不是运动服。

尽管有人还在怀疑这种服装是否适用于办公室，但大家不得不承认：这个问题实际上无须多虑，尤其是在洛杉矶，那里许多人都是自由职业者；或者在旧金山，那里有很多新兴产业，坐办公室的人越来越少了。

整体上讲，穿衣风格是一个人表现自我的方式之一，无论你穿衬衫、短裤，还是西装革履，抑或是工装裤，甚至是20世纪70年代那种金光闪闪的服饰……没有人会对你的穿着评头论足。

前面提到过瑜伽协会，有一份调查显示一半的瑜伽练习者会尽量吃绿色健康的食品，他们比其他人更有可能买有机食物。

健康饮食也是瑜伽练习的重要组成部分，在加州人的观念里，它和瑜伽裤同样不可或缺。加州人清醒地意识到人人都在寻求的养生之道是一个整体的概念，它体现在人们的出行和运动方式上，也表现在饮食方面（甚至还表现在穿着上，或者在面包片上涂奶油的方式上，这一点我后面会谈到）。尽管加州有很好的糕点房，在那里可以找到最可口的香脆黄油牛角面包和司康饼（一种英式快速面包），但是在瑜伽练习开始之前或结束之后，大家是不会去这些糕点房解馋的。

可喜的是，美国人用他们的市场营销艺术把健康饮食的养生理念包装得连"吃货"也积极响应。如今健康生活有着吸引人的魅力，这让大家又多了一个注意饮食的动机。

瑜伽健康饮食原则

◈ 纯健康主义者：

瑜伽饮食（Yogi diet）不是指节食，它是一种生活哲学。这种饮食方式所采用的食材是全素食，是新鲜的、纯天然的，没有任何化学添加剂，也没有诸如酒精、咖啡因等让人兴奋的成分。进餐时间也非常有规律，而且还有间隔性的禁食期。对了，不要忘了，还有一个很重要的细节：要保持善良（sattva），保持用纯真的性情来认知事物，保持愉悦。让人愉悦的食物包括各类蔬菜和水果、五谷、乳制品、坚果、全麦面包、蜂蜜，还有泡菜等。那些加了各种佐料的过咸的菜肴、各种肉类，还有味道浓郁的蒜类和发酵食物都不能让人愉悦。

◈ 五谷碗，这是一种现代新式沙拉！

这种新式沙拉里面没有任何高热量的佐料，更容易被人体吸收。许多人因为长期吃这种沙拉不知不觉地变得愉悦。顾名思义，这道菜是把五谷（斯佩尔特小麦、紫米、藜麦）与各类坚果打碎混合在一起，装在一个碗里，然后根据个人的喜好和口味加上牛油果、黄瓜丁、苜蓿、藻类、味噌汤、豌豆、西蓝花、鹰嘴豆、芒果丁、葡萄柚、豆腐、鸡肉或虾。这道菜是健康饮食餐馆里必不可少的一道，在家里也很容易做，你只需要把家里剩的各种水果蔬菜都利用起来就可以了。

◈ 适合那些需要排毒，或者总是忙碌到没时间的人的菜谱：

水果和各种蔬菜榨汁。一般有两种方式：一种是整整一天只喝果汁、蔬菜汁，配上一些螺旋藻粉加以辅助。另外一种方式是在早餐上下功夫，吃一顿丰盛扎实的早餐，比如一大杯由植物奶、香蕉、奇亚籽和枣类混合在一起的冰沙，可以让人整整一上午精神饱满。

◆ 对那些只需要临时突击补充一下的人：

各类快捷饮品（shots），比如商店里卖的小瓶装新鲜水果榨汁。我把做法记了下来，然后自己在家做了一道：半个橘子、几片生姜、半个大蒜、一点卡宴花椒粉[1]、一咖啡勺洋菜琼脂浓汁，把这些食材混合搅拌成汁，然后一口气把它喝掉，能够排毒养颜。

　　◆ 纯净水，请多喝纯净水：

纯净水是所有的瑜伽中心、宣传健康饮食的餐馆都必备的饮料。瑜伽爱好者随身带的水杯里也装的是纯净水。也可以时不时地用菊花茶、薰衣草茶、茉莉花茶或者加薄荷替代，这类饮品给人带来轻松愉悦的感觉。喜欢喝甜品的人也可以用椰子汁来替代。

1　译注：卡宴花椒粉来自南美洲卡宴地区。

咸式谷物碗

藜麦配烤蔬菜和意大利开心果香蒜酱（4人份食谱）

五谷碗原料：

200克藜麦

1根胡萝卜

1根芦笋

1根小白萝卜

1根大葱

1汤匙橄榄油

盐

胡椒粉

意大利开心果香蒜酱原料：

130克开心果

50克意大利帕玛森芝士

100毫升橄榄油

1根罗勒

制作方法：

– 将烤箱预热至200℃。

– 根据包装上的说明烹制藜麦。

– 胡萝卜刮皮，去掉芦笋末端，小白萝卜切成四瓣，大葱剁碎。把它们混合在一起铺
  放在防油的烤箱用纸上，再在上面撒上橄榄油、盐和胡椒粉，烤20分钟，至胡萝
  卜变软即可。

– 与此同时，准备香蒜酱。在搅拌机中放上开心果、帕玛森芝士、橄榄油和罗勒，搅
  拌至细腻光滑但不要太黏稠，撒上盐和胡椒粉。

– 在烹制好的藜麦里加上一咖啡勺开心果香蒜酱。

– 准备4个碗，在每个碗底铺上四分之一五谷，最后再在上面铺上一层蔬菜，并加1
  匙开心果香蒜酱。

谷物甜点

搭配斯佩尔特小麦和蓝莓的甜酸奶

所需原料：

250克纯酸奶或白色奶酪

100克斯佩尔特小麦

130克冷冻蓝莓

1咖啡勺蜂蜜

1咖啡勺奇亚籽

柠檬皮少许

制作方法：

– 根据包装上的说明烹制小麦。

– 与此同时，把蓝莓和蜂蜜混合在一个锅里，用小火加热5分钟，注意不停地搅拌。加上奇亚籽和柠檬皮，继续加热10分钟，继续不停地搅拌，直到混合物呈一种果酱一样的质感。

– 把酸奶倒进碗里，加上斯佩尔特小麦，然后再加上做好的有果酱质感的混合物。在碗里随意搅拌几下，这样就做好了。祝你好胃口！

沙滩文化

早在瑜伽盛行之前，是迷人的沙滩塑造了加州人爱好健康和运动的浪漫形象。这种浪漫形象在黑白电影时代就已经在肌肉海滩（Muscle Beach）上被塑造出来了。肌肉海滩于1934年落成于圣莫尼卡海滩，这是一个摆放了各种哑铃和举重器材的沙滩广场，1987年它被迁移到几公里之外的威尼斯沙滩。自它落成开始，健身在加州逐渐成为了一种文化，好莱坞巨星阿诺德·施瓦辛格更是把加州这种充满健身氛围的形象推向了全世界。他在成为一名影星之前，就经常去肌肉海滩锻炼他那让人印象深刻的肌肉。今天人们照样可以在肌肉海滩锻炼，展现雄健的肌肉，任凭过往的游客观看。不远处的圣莫尼卡沙滩上的旧肌肉沙滩广场不像威尼斯沙滩这样有舞台性质，如今它变成了一个体操锻炼中心。这里有吊环、横梁木马、爬梯等，所有人都会尝试着使用这些体操器材，很有趣。来这里锻炼的人各种各样，有职业体操运动员，也有地道的初学者，无论成年人、青少年，还是儿童，每个人都可以找到适合自己的器材。

并不是每个人都会把加州和肌肉海滩联系在一起，但是几乎每个人都会把加州和冲浪联系在一起，把加州和快乐紧密地联系在一起。20世纪60年代大批的以海滩为主题的电影里，人们总看到当时的年轻人在海边冲浪，欢庆各种节日。这些画面在一定程度上也给海滩乐队起了很大的宣传作用，他们的歌曲里透露着天真和快乐，歌唱着永恒的阳光，这是一幅加州人独有的生活方式的写照。

这股冲浪电影热潮没多久便被一股更贴近现实的生活影片潮流所取代。新一代电影里不一定总有冲浪，但一定有大海，有穿着泳衣的人

们，还有健美的肌肉。比如著名影片《马利布警报》，在20世纪90年代，这部电影几乎成了加州的旅游宣传册。今天的马利布海滩仍然是冲浪爱好者的胜地！

周末，他们成群结队地去马利布的冲浪海滩冲浪，不想冲浪的人则在马利布码头安静地享用午餐，慵懒地看着大海。远处更南边一点的亨廷顿海滩（Huntington Beach）享有"最完美海浪"的盛名，它还是世界冲浪锦标赛举办地。旧金山附近的半月湾（Half Moon Bay）冲浪海滩则因其巨大的海浪而举世闻名，成为冲浪胜地（不过，冲浪初学者请不要靠近）。

至此，冲浪文化兴起了，它吸引和征服了全球的冲浪爱好者，是梦幻加州的象征。冲浪文化让人们幻想着自由和无垠的广阔空间，随着时间的推移，这种文化催生了两种社会现象。一方面，昔日那些纯粹的冲浪爱好者虽年华老去，但依旧是一副嬉皮士模样，披着肮脏潦乱的长发，吸着烟，拖着破旧的老爷车在一个个沙滩间游走；另一方面，这种娱乐成就了一批商人，一些昔日的冲浪爱好者在社会的潮流中抓住商机成功地转型做了商人，成了冲浪爱好者中的有钱人。

冲浪这一过去属于少数人的运动，如今变成了大众的娱乐活动，各种冲浪器材也越来越先进。这个时代和最早的冲浪爱好者自制一块冲浪板、身上穿着像内裤一样的泳裤的时代已经相去甚远了。冲浪最初的神秘色彩虽已不再，但它却以另一种形式回来了。

这另一种形式，就是在城里"冲浪"。

那，我们如何在城里"冲浪"呢？

首先，让我们看看各种和冲浪有关的电影，感受一下冲浪气氛。

其中著名的有1966年出品的《无尽之夏》，这是一部讲述了从美国海岸出发环游世界的纪录片；还有1978年的影片《伟大的星期三》，约翰·米利厄斯（John Milius）的成名电影，讲述了三个酷爱海浪的年轻人受20世纪六七十年代的运动潮流影响最终却分道扬镳的故事；另外一部由凯瑟琳·毕格罗（Kathryn Bigelow）执导的1991年的影片《惊爆点》，呈现的是美国联邦调查局特工跟踪调查一伙冲浪强盗的故事（帕特里克·斯威兹主演）；以及2004年的纪录片《巨浪骑士》，由冲浪和滑板爱好者佩拉塔（Stacy Peralta）执导，记录了冲浪运动的起源，采访了许多著名的冲浪爱好者。

"惬客"（Checker）是莫鲁斯克冲浪用品专卖店（Mollusk Surf Shop）的网站名。这家专卖店于2005年在旧金山开业，它的成功在于把冲浪文化理念注入到了都市人的日常生活当中，并且把大家变成了这种潮流的追随者。继旧金山和威尼斯海滩之后，他们在银湖区开了第三家分店。要知道，银湖区是洛杉矶市内一个远离海滩的居民区。他们的宗旨是把你带到一个真实的海滩冲浪的感觉里，在店里你可以找到伊卡特（Ikat，纱线扎染织物）沙滩毛巾、别致的太阳眼镜等，都很有品位，并且相当昂贵。当然，还有色彩斑斓的冲浪板，更让人向往和浮想联翩。

莫鲁斯克冲浪用品专卖店地址：
- 旧金山欧文街
（ Irving Street，San Francisco ）
- 威尼斯太平洋大道
（ Pacific Avenue，Venice ）
- 银湖西日落大道
（ West Sunset Bd，Silver Lake ）
mollusksurfshop.com

最起码，买一块让人浮想联翩的冲浪板，哪怕你不去海里冲浪，也可以由此联想到令人心情开朗的太阳。把它挂在客厅的天花板上或者是大门入口处的墙壁上，会是一个很不错的装饰物！

　　利用各种美容护肤品尽量把自己的外在形象打造得有"海滩感"：比如看起来很健康的铜色皮肤，像是被海水打湿的头发，还有像被海水冲洗褪了色的发梢……那种看起来像是去加州转了一圈回来的超酷形象，其实也可以利用超市化妆品来打造！

　　老实说，我既没有赶肌肉海滩的潮流，也没有到太平洋的海岸边冲浪。不过，有很多个周末我都是在海边度过的。我发现其实很多海边的运动也可以在运动中心里做，哪怕是那些找不到一粒沙的地方。比如沙滩排球完全可以在室内的健身房里打。沙滩排球是洛杉矶海滩上最具代表性的集体运动，很多沙滩每隔10米就有一个排球网，大多数女孩都是穿着比基尼打球。不得不说排球打到一定的程度是可以很好地锻炼腹部和肢体肌肉的，太阳底下晒出来的棕色皮肤也会恰到好处地遮掩皮肤上的瑕疵。不过，如果你读过前面的章节，一定还记得我偏偏是个不爱打排球的人。

　　幸亏除了排球，海边还有一个非常棒的东西，那就是长长的沿海大道。史特莱特（The Strand）是一条长达35公里的水泥大道，从太平洋海岸北部到托伦斯（Torrance）南部，中间经过有名的马利布、圣莫尼卡和威尼斯海滩。这条沿海大道经常出现在好莱坞电影里，影片里大家经常看到这样的画面：一个双腿修长，穿着超短牛仔裤的加州女孩，脚踩一双溜冰鞋在沿海大道上飞驰。

　　这条沿海大道不仅仅是一条自行车道，还可以在上面玩滑板车、溜冰等。我们还碰到过双人同骑自行车，以及那种后面带着儿童小拖车的加长自行车。

沿海大道还有专门供行人漫步的区域。是的，我们在洛杉矶，但这丝毫也没有妨碍喜欢闲庭信步的人们。对，在这里你可以看到很多漫步的人。

除此之外，我们还能看到男生们在大道上滑行，玩一种威尼斯海滩滑板场上常有人玩的滑板，他们会用脚带动滑板一起跳跃起来。滑板爱好者有时更倾向另一个不那么正式的场所，那就是宽阔的石阶之外的圣莫尼卡露天广场。

如何在没有海滩的地方玩滑板？

首先，大家请记住，滑板是一种全身心投入的运动。它要求我们身体诸多部位协调，能让全身的肌肉得以锻炼——大腿、小腿、臀部、腹肌乃至双臂。这项运动会使全身肌肉结实紧致，腹部平坦，甚至可以巩固人体骨骼。最重要的是，你在玩滑板的时候并没有那种在做运动的感觉。

其次，内衣尽量选择贴身的，要全部地贴在身上，不要有一点的宽大和多余。外面穿上宽松的牛仔裤，舒适的T恤衫，还有范斯（Vans）的帆布球鞋，这种装扮会让滑板车玩起来更显酷。

好好研究滑板运动的历史！

　　大家可以通过各种电影来了解滑板。我个人觉得《狗镇之主》（*Lords of Dogtown*）这部电影把加州滑板运动"酷"的一面描写得最精彩。电影于2005年上映，讲述20世纪70年代开始的有关滑板的故事。故事讲述了一群在威尼斯海滩一个居民区玩滑板的年轻人的故

安嫩伯格社区海景房

（Annenberg Community Beach House）

太平洋海岸公路，圣莫尼卡

（Pacific Coast Highway，Santa Monica）

www.annenbergbeachhouse.com

海滩洛杉矶体育俱乐部

（Los Angeles Athletic Club）

洛杉矶市中心西7街

（431 West 7th Street，Downtown，Los Angeles）

laac.com

Ace酒店

（Ace Hotel）

洛杉矶市中心南百老汇

（South Broadway，Downtown，Los Angeles）

www.ace-hotel.com

事，人们后来称他们为"Z-男孩"。他们掀起了一股滑板革命，从而改变了传统的滑板玩法。从此，滑板不再是必须由爸爸带着才能玩的活动，Z-男孩把这项运动玩到了另一个境界。电影着重讲述了一种亚文化。这种文化旨在把现代都市变成一个巨大的游乐场，他们充分利用都市里可以找到的所有能玩滑板的场地，比如钢筋水泥的大道广场，以及当时那些因为干旱而空置的各大公共游泳池。

大家不妨模仿一下他们：眼神里带着一丝叛逆，脸上挂着一副有悖传统、渴望自由的放飞神态，然后在一些让人意想不到的地方玩滑板。洛杉矶市中心的费尔法克斯（Fairfax）或者拉布雷亚（La Brea）街区都远离海边（说远只是相对而言），近几年，有很多休闲服装店在这些小区周围雨后春笋般地冒出来，与此同时，街道被拓宽了，停车场也多了不少，于是，远离海边的孩子们在这些街道和停车场里玩起了滑板。

另一种更简单的方式：每天出行用滑板代步。由于学校不是很远，卢斯费利斯小区的孩子们上学都用滑板代步（可怜的孩子们，他们也远离海滩）。

43123

这是2013年洛杉矶的私人游泳池数目，是两个喜欢吹毛求疵的研究人员在好奇心的驱使下做的一项调查的结果。这份调查报告里有丰富的图解和照片，长达6 000多页，共计74 卷，只印有一份。当时包括《洛杉矶时报》和《赫芬顿邮报》在内的各大报刊媒体都对它做了相关的报道。

1967

这一年，英国画家大卫·霍克尼推出了他的标志性代表作品《水花四溅》（*A Bigger Splash*），这幅画成了加州游泳池标志性的版图。

3 家对公众开放的游泳池

洛杉矶运动俱乐部
这家俱乐部拥有奥林匹克级的游泳池，外面全部用玻璃装修。

圣莫尼卡安嫩伯格社区海滨别墅
这家游泳中心彰显着前主人影星马里昂·戴维斯（Marion Davies）个人的奢侈品味。

市中心的Ace酒店
配有极可意按摩水流浴池，游泳池设置在洛可可式教堂建筑的屋顶天台上，实在让人感觉晕眩和疯狂！

普遍的户外生活

加州是众多的令人向往的地区之一，它同时拥有大海、山川和沙漠，人们可以尽情地享受丰富多彩的户外活动。加州人喜爱大自然的基因与生俱来——他们一到周末就驱车外出远游，去海边看大海，到山里远足，或者驾车在大自然中观光。

富人们会去打高尔夫球。无处不在的高尔夫球场广阔无垠，哪怕是在干燥的土地上，草坪也绿得发亮。干旱时期草坪依旧被保养得如此好，这让有些人嫉妒，但也无可厚非，要知道高尔夫球相关产业在该地区是一个拥有60亿美元体量的产业链，它创造了高达13万个工作岗位。

年轻人则喜欢在室内棒球训练场练习击球。室内棒球训练场像一个巨大的有网的笼子，里面有一种投掷球的机械装置，练习者的臂力可以得到很好的锻炼。也有些人去网球场打网球，另外一些人则骑车远行，欣赏大自然风光，还有一些人徒步登山远足，同时锻炼体力和意志力，以顽强的意志力来战胜和超越自我。

除了上述户外活动，他们还常常骑马。许多人周末都会去牧场骑马，有的人自己就是马主，平时把马委托给牧场的人照料。没有马的人也可以租用马术学校的马。

在格里菲斯公园（Griffith Park），徒步旅行者或者慢跑的人会经常碰到那些骑马漫步的人，他们或独身一人，或三五成群。骑马看起来好像不是运动，其实在马背上，骑手需要保持端正的坐姿，是一种很好的锻炼方式。他们的腹部、腰部以及背部都得到很好的锻炼，身姿也因此而变得挺拔。在当地，大家可以注意到一个很有趣的细节，那就是人行道上的红绿灯的按钮普遍都比较高，这是专门为马背上的骑手们设置的。需要的时候，他们不必从马背上跳下来就可以按绿灯。还有一种场面也很有趣，在停车场的停车位上，你会发现在那里有时停着的是一匹马，而不是一辆车。

潮流总是不停地变化，室外运动的潮流也不例外。但无论如何变化，慢跑这项运动是永恒的。事实上，几乎所有人都知道慢跑是享受大自然生活的代名词，这种运动能让你拥有迷人的的臀部。这使它成为一种永远受欢迎的运动！

在加利福尼亚慢跑的几个温馨提示：

– 首先，让我们忘记各种规划。在洛杉矶慢跑有很多可以去的地方，无须规划。这里有巨大的占地1 740公顷的格里菲斯公园，其中有很多山脉和登山道。还有面积为65公顷的鲁尼恩峡谷公园的峡谷长道，它的亮点是有很多的上下坡。另外，在那里跑步会经常碰到来此锻炼身体的好莱坞影星。在峡谷顶端可以俯瞰全城，整个好莱坞影城一览无余，尽收眼底。

– 积极参加加州的马拉松赛，甚至像他们一样迷恋上马拉松。加州的每个市镇，甚至是一些社区都有自己的马拉松比赛。全加州每个月几乎有200场马拉松赛事，其中有不少是带有慈善性质的。如此一来，大家在做运动的同时还能为慈善事业筹集资金，这也能够调动人们的热情和积极性。

– 和严格的瑜伽不一样的是，慢跑这种锻炼方式要轻松舒适得多。运动结束后，你可以坐下来休息，喝一杯咖啡，吃一个美味的甜甜圈，之后还可以吃一顿丰盛的午餐。

－ 这种全民健身运动只需要一些最基础的配套装备、一些基本常识和良好的习惯就可以进行。你只需要有一顶鸭舌帽、一个水壶，以及想要慢跑的意愿。对了，别忘了佩戴一副黑色太阳眼镜，它能让你看起来像一个大明星。

感觉呼吸有些不顺畅？

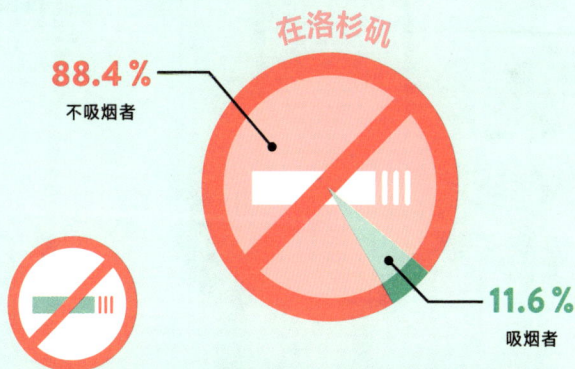

在洛杉矶

88.4%
不吸烟者

11.6%
吸烟者

1995 这一年，加利福尼亚州成为全美第一个禁止在公共场所吸烟的州

罚款

500美元

这是在公共场所吸烟的罚金

基本上可以说加州到处都禁烟，因为大街小巷、公园和海滩等公共场所几乎处处设立有禁烟区。

人们基本只能在自己的家里或在酒吧指定的区域里抽烟。

21岁 这是在加州买香烟的法定年龄（2016年之前是18岁）

新的运动趋势

加利福尼亚式的生活以健康和运动而闻名，但加州不仅仅是一个引领体育潮流的区域。21世纪初第一批赶时髦的文艺青年纷纷出现在布鲁克林、奥斯汀、波特兰和西雅图等各大城市或社区，而有着"金色之州"之称的加利福尼亚也出现了数量庞大的、穿着伐木工人式的衬衫的"波西米亚资产阶级"。就像他们对风格的执着一样，出于对自身身材的要求，他们纷纷骑车出行，从而掀起了一股自行车热潮。

这里所说的自行车和前面提到的大家在国家公园里骑的那种是不一样的，后者是运动强度很大的山地自行车，前者只是普通的都市用自行车。他们早上出门上班，或者出去约会、去咖啡店喝咖啡时都会骑上自行车。加州的都市中现在有很多新型的自由职业者，他们没有固定的办公室，新的工作方式给了他们很多出行的机会。同时有很多的时尚小区涌现出来，骑车出行很方便。不少商店和酒店也都纷纷提供租用自行车服务，比如旧金山的克利夫特（Clift）、圣路易斯奥比斯波（San Luis Obispo）的格拉

克利夫特地址：
旧金山加里街495号
（Geary Street，San Francisco）
www.morganshotelg

纳达（Granada）和洛杉矶的莱茵（The Line）酒店，赶潮流的游客也加入了骑行大军。

洛杉矶地势平坦，很适合骑自行车，宽敞的人行道也允许大家骑行。这样一来，自行车成了出门观光的便利交通工具。如果你想在加州东部的新型城区里也骑自行车漫游的话，那你会痛苦得多，因为那里到处都是上下坡。洛杉矶市政府很清楚地意识到市内交通的拥挤，所以以致力推广自行车，他们修建了许多的自行车道。于是共享自行车——和巴黎一样——得到了很大的发展。我们在圣莫尼卡看到过这种自行车，主要是在海滩附近的商店旁，便于游客逛沙滩时使用，市中心也有，十分便利实用。在这个有"迷你纽约"之称的繁华市中心骑自行车闲逛，会给人一种摇滚的感觉。不过，街上的汽车司机们不顾拥挤的交通，总试图加速前进，人们不得不多加小心。

幸好政府设立了一些无汽车日。没有汽车的日子里，人们纷纷骑车出门。这一天，街道上不仅仅有骑自行车的人，同时也有许多穿旱冰鞋的人，以及不少推着婴儿车出门的人。洛杉矶的市民们从来不会放过任何出行的机会，这样的日子自然吸引了许多的居民外出。他们或是自己骑车散步，或是和朋友相约一起聊天。

格拉纳达地址：
圣路易斯奥比斯波莫罗街
（Morro Street，San Luis Obispo）
www.granadahotelandbistro.com

莱茵地址：
韩国城威尔希尔大道
（Wilshire Boulevard，Koreatown）
www.thelinehotel.com

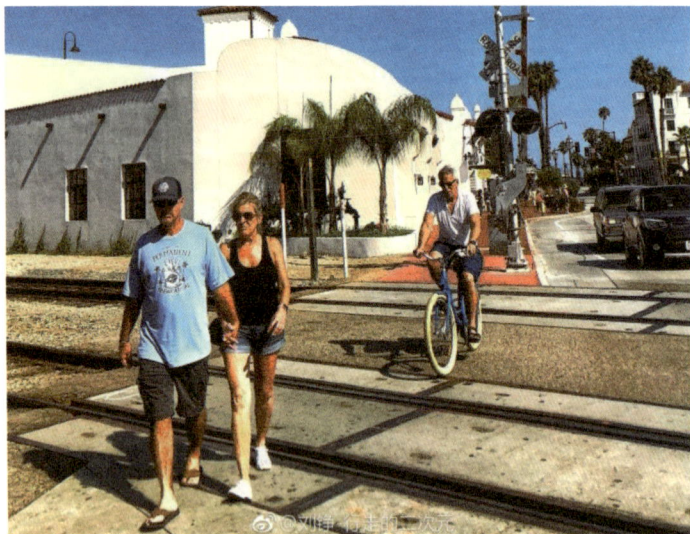

啊，我需要一辆和当地文艺青年一样的自行车！这种自行车吸引我的特征有：

- 它怀旧的风格。

- 它的后架上挂着别致时尚的包，可以取下来背在肩上。

- 它的龙头架上挂着一个篮子，可以随手放冰茶。

- 它的品牌可以是莱纳斯（Linus），一个受20世纪50年代巴黎的美学影响的加州品牌。（去爷爷奶奶家的地窖里看一下，估计会找到那么一辆！）

- 它的品牌也可以是旧金山的自行车使命（Mission Bicycle），完全由手工制作而成。喜欢自己动手的人士应该会喜欢。

- 它还可以是底特律（Dedroit）风格的自行车，这种车在老字号品牌新诺拉里可以买到。这个品牌的自行车更显怀旧风情。他们还配置了时针表、双肩皮背包和唱片播放器。

自行车之外，洛杉矶市政府致力推广的另一个项目是步行。在那些张贴着最新的大型广告海报的地方，我们看到了许多推广以步代车的广告：鼓励人们在前往步行可以达到的地方时，放弃车辆，尽量走路。步行可以给一个城市带来双重好处——身体健康的市民，干净少污染的市区，因此汽车禁令自然是受大家欢迎的。尽管如此，还是有不少人出门习惯性地开车。我的一位美国朋友就是这样，她住的地方离学校只有15分钟的步程，但是她从不走路去学校。其实她是一个很喜欢运动的人——常去格

自行车使命地址
旧金山瓦伦西亚街
（Valencia Street，San Francisco）
www.missionbicycle.com

新诺拉地址
- 威尼斯阿博特金尼大道
（Abbot Kinney Boulevard，Venice）
- 旧金山霍塔林广场
（Hotaling Place，San Francisco）
www.shinola.fr

里菲斯国家公园慢跑，或去瑜伽馆练习瑜伽，还在家里做冥想。一天我和她相约在一家离她家最多10分钟步程的餐馆吃饭，她到的时候骄傲地对我说："向你学习了，我走路来的！"她说其实出门之前她的第一反应是开车，之后想了一下：把车从车库里开出来，到达后再找车位停车，总共花费的时间估计比直接走路去需要的时间还长。老实说，这种情况对我来说一点儿也不觉得陌生。我从小在巴黎市郊长大，很清楚车给我们日常生活带来的方便，久而久之，开车变成了一种不由自主的习惯。我完全不需要到洛杉矶来才会理解这种习惯。

对35岁以上的人来说，这是一种惯性，他们一时难以适应以步代车的出行方式。反倒是20世纪80年代后出生，被人们称作"Y一代"的年轻人正积极地响应以步代车的号召。他们把走路出行当成了一种表现自我的方式。渐渐地，看到那些走路去托儿所接孩子的人，去超市买东西的人，甚至是什么事都没有就这么在大街上漫步的人，大家不再像过去那样惊奇了。

乒乓球是时尚体育领域的挑战。能为客人提供一张乒乓球台和两副球拍也成了各类服装店、家具店、新型时尚品牌店、酒店、旅馆、咖啡馆或酒吧，甚至博物馆（比如哈默博物馆，展览当代艺术）的一大竞争优势。

为什么是乒乓球呢？

◆ 乒乓球并不是最消耗卡路里的运动之一。但是练习乒乓球可以让你成为一个真正的加州人。乒乓球运动集体育精神和集体理念于一身，这正是加州人精神面貌的表现。

◆ 最理想的方式是买一张乒乓球台放在院子里，然后在一个星期天的下午，把通讯录上所有的朋友都邀请过来一起打乒乓球。再加上几瓶清凉的啤酒和一桌烧烤，那将是一个美好的下午。

◆ 打乒乓球可以锻炼一个人的四肢协调能力以及身体的移动速度，同时还能锻炼人的注意力集中度。我们甚至可以把打乒乓球当作学习瑜伽或者冥想的基础锻炼。

◆ 院子里有一张乒乓球台很棒，但是如果室内也有一张乒乓球台的话会更理想。就像前面谈到的彩色冲浪板一样，乒乓球台也可以从室外走向室内，成为一道让人向往的室内风景线。

你无法接住对方打过来的球？没有关系，乒乓球你打不了，还有攀岩这项体育运动呢！

攀岩运动的发展速度很快，新一代的室内攀岩墙的棱角线和斑点色彩很少让人联想到外面的大山，倒是给人一种比较奇怪的艺术装置的感觉，好像是抽象主义画家杰克逊·波洛克（Jackson Pollock）的三维设计作品。

这些攀岩墙有不同的高度和不同的设计，难度也各不相同，适合各类人群。所以人们经常全家一起参与。

时尚、运动、性感

"你想知道谁的身材比你更好吗? 是钢管舞女们! "这是城市生活刊物 *TimeOut*[1] 在列出洛杉矶最好的钢管舞俱乐部名单之前说的话。在洛杉矶,钢管舞俱乐部上演的节目除了展现完美的性感曲线,更具有滑稽效果和技术含量。在被大卫·林奇(David Lynch)选址拍了一部电影的珍宝小丑室(Jumbo's Clown Room),你很难不被那些舞蹈表演者的精湛技术所吸引——他们抓住钢管在空中旋转,腾空跃到天花板,好像完全不受地心引力的影响。接着头朝下倒立,然后双臂从膝盖后面绕过去,用双手抓住倒立的头。加州到处都有教钢管舞的中心,他们那强大的女孩的精神理念很快就征服了英国伦敦,近10年来也征服了法国。在努力的学习和锻炼之后,大家的梦想是能够参加加州钢管舞锦标赛!

珍宝小丑室
(Jumbo's Clown Room)
好莱坞好莱坞大道 (Hollywood
Bd, Hollywood)
jumbos.com

---

1 *Time Out* 是一本起源于伦敦的城市生活刊物,介绍消费、文化、资讯等信息,刊物有中文版发行。

无论天气晴朗与否，我们如何投身到体育运动中并且迷恋上它呢？

- 首先要明白，加州人坦然的生活性情主要因为运动。同时，运动还打造了迷人的"加利女孩"和"加利男孩"的好身材。

- 尝试各种瑜伽直到找到最适合自己的那一种。如果觉得现有瑜伽都不适合自己，那就试着原创一套适合自己的瑜伽！同时找一些特殊的环境和地方，用不同的方式来练习，采用一种简单健康的生活方式。不妨试试用前面章节里谈到过的五谷碗当午餐，穿着瑜伽裤去办公室也未尝不可。

- 除了瑜伽，也试着去做其他体育运动，尽量尝试所有能尝试的运动，然后选出一个最适合自己的：可以是出于对其风格的喜欢，可以是为了实现某一个目标，也可以仅仅是因为它适合自己的身体状况。

- 把运动和娱乐结合起来。比如海上冲浪、海滩排球或者骑马，这些都是体育运动，能够消耗热量，给细胞充氧，锻炼肌肉。但其实很多时候人们只是为了娱乐才去做，并不是有意识地为了锻炼才去做这些。

- 买张火车票或飞机票去一趟大西洋或者地中海吧！去当地沿海尝试一下各种海滩运动。

- 试试最简单的慢跑。没有比这更容易，也没有比这更普及，同时也没有比这更加州式的了，尤其当你戴上黑色的太阳镜的时候！

- 出行时尽量采用积极的方式。以步代车、骑自行车、使用滑板或者穿旱冰鞋。多走路，能走路去的地方最好走路去，不要开车或者骑摩托，也不要坐公共汽车、地铁等交通工具。

- 对了，想要进行加州式的运动和锻炼，你完全不必一个人大汗淋漓孤单地苦练。邀上三五个朋友打一场乒乓球，也是很不错的选择！

第三章

健康饮食

当地的排毒艺术

人们对加州的饮食有一种偏见——不，不止一种，人们对加州的饮食偏见有两种。一种来自熟悉加州的人，这类人了解当地饮食，却没有跟上潮流的步伐，没有看到（或者说是不愿意承认）人们饮食习惯的变化。他们固执地认为和全美国一样，加州的饮食不外乎是传统的汉堡包、炸薯条、恺撒生菜沙拉等。第二种偏见来自那些赶潮流的人，他们跟上了时代，看到了饮食文化的变化。但他们看得很表面，觉得太阳底下的美食再怎么变化也不外乎甘蓝白菜沙拉和排毒果汁。

一边固守眼下的饮食，另一边是时尚的明星式饮食。但在饮食方面，加州让人认可的健康美食还有很多！

比如瓶装果汁或冰沙等流质食品。从冲浪到慢跑，从肌肉沙滩运动场到鲁尼恩峡谷跑道，这种运动型的生活方式总是把人体和大自然结合在一起，它造成的最直观的变化是饮食习惯的改变，瓶装果汁或冰沙类食品应运而生。前面章节里谈到人们越来越追求健康的生活方式，果汁类的流行就是瑜伽的风行导致的。有一种纯粹的果汁排毒饮食法，提倡在一段时间里只喝蔬菜水果汁，据说这样不但能够排毒，补充维生素，对健康有益，同时也能让身材变得苗条。另外有一种比较传统却更值得推荐的方法，就是经常食用简单的流食，比如蔬菜水果汁或者冰沙，用它们来替代一顿扎实的主餐，权当是前一天吃多了，今天平衡一下，少吃一些。因为蔬菜水果汁同时也有清洁功效——对身体内部的清洁，即排毒。

蔬菜水果汁的好处有以下几点：

首先，它很容易做，用搅拌机三两分钟就可以搅拌好。只要家里有一台搅拌机，冰箱里有储存的水果和蔬菜就可以了。

◆

不想自己在家里做的话，还能直接去外面买。现在在加州到处都有鲜榨汁饮料摊，他们可以现场给你榨一杯新鲜果蔬汁，或者事先榨好装瓶。和各大超市里卖的饮料相比，这种鲜榨果蔬汁最大限度地保留了食物的维生素。"幸福的维生素"，作家雷蒙德·卡弗（Raymond Carver）曾经这样描写过维生素!

另外，果蔬汁只需要一根稻草吸管就可以喝，携带起来很方便。你可以一边喝果汁一边走路、打电话、聊天、上班……加州人实在喜欢这种多功能的饮料。

果蔬汁热量低，却富含多种维生素、矿物质和抗氧化剂，它可以帮助肠道消化，给身体排毒，增强抵抗力，使面色变得健康红润。

几年前人们习惯饮用的各种草汁类饮料如今都慢慢地褪去了光环，逐渐消失了。那些过去大家喝得最多的，成分比较奇怪的饮料有姜黄饮品（橙色很深的那种姜黄）、炭烧柠檬汁（呈木炭黑色）等。现在加州的饮食潮流是食品颜色越绿越有益健康，越要多食用，这种趋势把绿色饮料也推到了前台。诚然，绿色饮料有些苦味，但它却有快速排毒的功能。比如一杯由羽衣甘蓝、菠菜叶、黄瓜、芝麻菜、豆瓣，加上牛油果混合搅拌，再加上一点绿柠檬汁的果蔬汁。

冰沙也是一种营养很丰富的饮料。

冰沙和果蔬汁的区别在于果蔬汁是把果蔬皮都去掉之后榨汁，而冰沙则是带果蔬皮一起榨汁。喝果蔬汁不够填饱肚子，而冰沙因为保留果蔬的全部可食用部分，所以营养更丰富一些。人们还常常在它里面加冰块、牛奶、酸奶甚至谷物和种子。

人们在吃饭的时候，比如早餐或午餐，或者在喝下午茶吃甜品的时候，可以把果蔬汁作为饮料来喝。

或者尝试断食期间只喝果蔬汁。

月亮吧（Moon Juice）是一家小小的连锁果蔬汁吧，由洛杉矶最具前瞻思想的年轻厨师阿曼达·尚塔尔·培根（Amanda Chantal Bacon）创建。对她来说，食物具有实在的药用功效，它对人体内部和外在都有很大的影响。她的月亮吧里有一种瓶装果汁叫"加州太阳"，是用橙子、西柚和季节性的柑橘类水果混合在一起榨汁制成的。还有一种叫"善良绿色"的果蔬冰沙，是由芹菜、黄瓜、菠菜、羽衣甘蓝、欧芹、蒲公英混合在一起榨汁制成。这些饮品为人们的生活添加了色彩。月亮吧同时也提供咖啡和抹茶等各类热饮品。她会在咖啡或茶里面加上不同的粉末，巧妙地把普通饮品变成"美丽饮""脑力饮""性爱饮""力量饮"。这里的抹茶也有诸多种类，每种茶因其特殊的、有的甚至难以叫出名字的植物而不同，它们都对身体健康有不同的益处。

> **月亮吧地址：**
> 银湖落日大道
> （Sunset Bd，Silver Lake）
> 威尼斯玫瑰大道
> （Rose Avenue，Venice）
> www.moonjuiceshop.com

她并不反对固体食物，前提是食材的选择及搭配要科学和营养。正如她在那本名为《月亮汁食谱》的烹饪书里提到的那样，食物不仅仅要好吃，同时还要对身体健康有益。

"YOU ARE WHAT YOU EAT"

你吃什么样的食物，你就是什么样的人。

这是加州人的口头禅，在加州的海边随处可闻。

In-N-Out 汉堡店
加州和其他地方都有很多的分店！
www.in-n-out.com

然而，很少会有"加利女孩"或"加利男孩"会拒绝偶尔去著名的快餐连锁店In-N-Out汉堡店吃一顿。这种整个西部海岸地区人人都爱吃的大汉堡和油炸薯条也受到他们的喜爱，甚至在俄勒冈州（Oregon）和得克萨斯州（Texas）也很受欢迎。

不过，"加利男孩"和"加利女孩"同时也会去另一种新型的时尚餐厅里尝试同样的汉堡套餐，只是汉堡里那块厚厚的牛肉来自受监管的产地，可以保证不含任何激素和抗生素，面包也来自最好的面包房，做沙拉的生菜和番茄也都是当地人自己种植的有机蔬菜。

说了这么多，只是为了让大家了解，加州人在追求健康生活的同时，也像其他所有的美国人一样喜欢"垃圾食品"，并且他们还都是细腻的美食家。听起来好像有些矛盾，但他们确实是美食爱好者，无论是羽衣甘蓝蔬菜汁还是三明治，每一样他们吃起来都是那么津津有味！

这也许就是他们保持矫健身姿的秘密吧！美国人非常推崇法国的面包房——比如著名的拉杜丽甜品店（Ladurée），还有来自法国东部科梅尔西的玛德莲小蛋糕。几乎所有美国人都认为法国人，尤其是法国女性，无论怎么吃都不会长胖。事实并不是这样的，法国人自己知道关键的其实是饮食均衡：如果你在下午茶时吃了一块可口的紫罗兰味的泡芙，那么晚餐就请不要再吃豆焖羊肉什锦了。

加州人不但喜欢吃，而且还会吃，他们对烹饪有一颗永不满足的好奇心，为了吃一顿美食大餐可以驱车一个多小时。他们有一套自己的饮食均衡理念，他们没有节制地喝酒，但会控制自己吃甜点的量，餐桌上大家彼此分享不同的菜肴，也会定期排毒，前一天大鱼大肉，第二天马上成为素食者。同时他们对各种新奇的养生方法都很感兴趣，比如吃生的食物、拒绝乳制品、不吃含有蛋白质或面筋的面食、喝浓蔬汤（这是一种新的榨汁饮品）等。他们经常去外面吃饭，提前打电话到餐馆预订席位，人多的时候甚至得排几个小时的队，新开业的餐馆他们也会有条不紊地去一个个品尝。

在法国时我不是一个经常去餐馆吃饭的人，和众多的法国人一样，我更愿意把我的时间和金钱花在所谓的文化生活上。现在的我变得不仅爱去外面餐馆吃饭，而且还四处收集各种信息，了解哪些餐厅有口碑，哪些被大家"枪毙"，哪些餐桌有历史纪念意义，哪些地方曾经被选为电影的拍摄场地，或者某个作家经常出入，坐在那里写书。加州当地的厨房餐厅完完全全地进入了文化领域，去那里就像去看一场电影，听一场音乐演唱会，或者参观博物馆一样，餐馆也成了一个有意义的地方，大家吃完饭出来后会感觉到又学了新的东西。

洛杉矶美食界的领衔人物是《洛杉矶时报》著名的饮食评论家，2007年普利策奖得主金·乔纳森（Jonathan Gold）。2015年有一部关于他的专题纪录片出品，《黄金之城》（City of Gold），片中介绍了这位活生生的"超重量级"的传奇人物的故事（看看他品尝的那些多得数不清的食物，大家就会理解他为什么这么胖了）。

他四处游走，尝遍各地风味美食，最偏僻的城区也因他的到来而变得热闹。街头的饮食摊位、各种快餐车的食物都是他品尝的对象。一旦他对某道菜、某个地方给出好吃的评价，大家随后便会蜂拥而至。

当然，我们不能把他作为自己的榜样。想想看，他一个人能吃四个人的食量。这是他的职业，大家和他不一样。整体上讲，加州人是一个喜欢美食的群体。

9 899

5 649

洛杉矶的餐馆数量

旧金山的餐馆数量

[数据来自2017年5月的《旅行指南》（*Trip Advisor*）的记录]

居民对洛杉矶餐馆数量的看法：

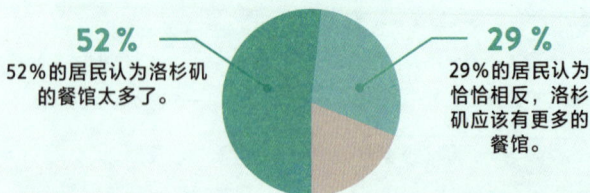

52 %

52%的居民认为洛杉矶的餐馆太多了。

29 %

29%的居民认为恰恰相反，洛杉矶应该有更多的餐馆。

这组数字是食客（Eater）网站对其访问者进行的调查所获得的结果。他们这份调查是在6个月内有50多家餐馆（其中不乏一些有口碑的餐厅）倒闭的情况下做的。这种情况多少说明了市场上该行业的饱和迹象。

1 492

加利福尼亚的麦当劳快餐厅的数量，其中大部分位于加州州府

49

2016年的数据表明，加利福尼亚州有：

49 家餐馆至少拥有米其林一星级水准；

6 家餐馆拥有米其林三星级水准；

它们大部分集中在旧金山及其周围的湾区。

《米其林红色指南》自2010年起停止了对洛杉矶的餐馆评级，这引起了当地饮食界的不满，于是美食家们自己列出长长的优秀餐厅名单，希望把这份严格的饮食评论指南再请回来。

餐饮

1 475 100
餐饮业的在职人员数字

农业

3 000 000
从事农作物生产的人数

（来自2013年数据）

请多食用蔬菜

全美国超过三分之一的蔬菜和水果都是加利福尼亚州生产的（加州西蓝花的产量占全国产量的百分之九十）。加州地区属于地中海气候，很适合植物生长。这里一年四季几乎都出产葡萄、生菜、草莓、番茄，以及各类坚果，比如杏仁、核桃等。有"金色之州"之称的加州和绿色食品有着紧密的联系。提供送货上门服务的食品网站Grubhub调查了全国的素食餐馆，并列出了最喜爱绿色食品的10个州。加利福尼亚州因其三大城市——洛杉矶、旧金山和圣何塞而位居榜首。

这是不是现在越来越多的人对乳制品出现过敏或者排斥现象的缘故？抑或是出于人们对排毒果汁的喜爱？或者只是因为我们希望在不需要运动的情况下身体也能够轻松地消化食物？

近几年来，人们的绿色生活意识加强了很多（这种意识在20世纪70年代的时候是被嘲笑的），认识到了每天吃5种不同的蔬菜或水果对人体健康的有益之处。社会对环保的宣传也引导了大家选择没有喷洒农药的有机食物，吃当季蔬菜和水果，优先选择本地产品以及那些生产中间环节少的产品，比如从农场直接到消费者手里的产品，尽量在当地消费。一天，我去洛杉矶的豪斯·沃斯与席美尔画廊（Hauser Wirth &

豪斯·沃斯的曼努埃拉
（Manuela at Hauser Wirth）
洛杉矶市中心东三街
（East 3rd Street, Downtown Los
Angeles）
www.manuela-la.com

Schimmel）附近的一家餐厅吃饭，吃饭前我在大楼里漫步，想寻找一幅路易斯或其他艺术家的作品。不经意间我看到了一块菜地，里面种着香葱、番茄、生菜，我甚至还看到了几只母鸡，它们在篱笆后面的院子里悠哉地啄食。这可不是什么现代艺术展览，它仅仅只是一家餐馆自己的菜园。这种氛围中，周末的农贸市场上会有那么多的人也就不足为奇了。

美国各大城市都有自己的农贸市场。农贸市场是所有喜欢绿色食品的富人不可错过的去处（在这里的健康食品是很贵的）。人们纷纷涌向这个人情味十足的集市，在那里和农夫们一起交流，品尝各种产品，被农夫们的热情所感染。卖家都很自豪地在自己的摊位上贴出巨大的条幅广告，比如"有机产品认证""家族农场""我们卖的是自家种植的产品"。

是不是觉得卖家的这些条幅有些过分夸张？大家回头看看美国时不时出现的各种食品安全丑闻就能理解这些广告的意义了。现在大家提到美国食品，马上会联想到转基因玉米、打了农药的土地和让人觉得恶心的肮脏卫生环境。像昔日的电视连续剧《草原上的小屋》里主人公查尔斯·英格尔斯一样在农场里勤恳开荒的情景如今已经不复存在（该系列展现的是美国内地深处的草原农场生活，但拍摄地是在阳光下的加州）。

圣迭戈的小意大利城区的农贸市场最让人印象深刻，那里有一百多家农家摊位，一字长蛇阵般摆开，市场里人们摩肩接踵地缓步前行。

旧金山渡轮广场上面朝蔚蓝大海的农贸市场中也同样挤满了逛市场的人们，包括来自世界各地的游客。洛杉矶众多的农贸市场中，要数好莱坞和圣莫尼卡城区的农贸市场最吸引人。农贸市场里不仅仅有蔬菜和水果，同时还有鱼类肉类出售。这里的肉是不含激素的，鱼也是从当地海里捕捞上来的。卖家会在海鲜里放大量的冰块来保鲜。市场上还有新鲜的山羊奶酪，农夫们有时甚至还把他们产奶的山羊带到集市来！

　　当然，集市上最值得买的是当地农场里的那些带着叶子、捆成小捆出售的红萝卜或红皮白萝卜，还有玉米、土豆以及价格和松露一样昂贵的山里的野生蘑菇。还有那些植物奶酪，奶酪商会满怀热情地给你讲述他是如何用腰果奶来制作这些奶酪的。糕点摊上的松脆面包是大师们纯手工制作的，还有穿着时尚的女孩卖的各种用当地水果制作的瓶装果酱。没错，卖家是性感时尚的女孩，因为奶奶辈们卖的产品只会让爷爷辈们感兴趣。

如何像加州人一样逛农贸市场

- 一星期至少去一次农贸市场，买足一星期的食物。

- 带上柳条编织袋，更理想的是直接推上购物车。我有一些朋友做得更彻底，他们干脆在自行车后面加一个小拖车，然后骑车去集市买菜。更有甚者住在山坡上，想想他们那腿劲儿!

- 只要允许，试着品尝一切。农贸市场上一般都会有免费供大家品尝的水果——梨子、苹果或者橘子，同时还有意大利莫萨里拉奶酪。商家们还会把面包切成小块，插上一个牙签，你可以拿着蘸橄榄油吃。

- 优先考虑那些地方小商家，哪怕他们的产品不都是有机食物，但至少是当地产品。仔细读他们摊位上的条幅说明，那些声明没有中间商的摊位一般都是当地小商家在卖当地的产品。

- 只买时令蔬菜和水果。不要在超市里买了一堆蔬菜和水果却假装是在农贸市场上买的，你应该为此感到自责。不过也没有太大关系: 加州人自己也常常这样。

- 条件允许的话，在自家的阳台上或者房子周围的空地上种上花草果蔬。这也是地道的加州生活风格。

对蔬菜和水果的执着引发了另一种新的潮流——素食主义。

素食主义者出于对生态环境和社会伦理道德的考虑，抑或是个人体质排斥，他们只吃植物性食物，不吃任何动物性的食物，包括与动物相关的食物。也就是说，他们不仅不吃鱼类肉类，同时也不吃鸡蛋，不吃乳制品，不喝牛奶，甚至不喝蜂蜜。皮塔协会（Peta）是一个动物保护组织，他们在动物保护方面非常积极。该组织曾经发布过全美最适合素食主义者的十大城市排名：洛杉矶位居第二，仅仅排在波兰特之后，圣迭戈排名第六。素食杂志《素食时事》（*Veg News*）甚至把洛杉矶称作"素食主义宇宙中心"。

然而，素食主义者们并不认为自己是极端的。他们完全有可能前一天在素食餐馆里美食一顿，第二天又大吃汉堡套餐，这就是著名的加州式饮食均衡。由于思想开放，在餐厅里，很少有激进的素食主义者只愿意与素食客在同一张桌子上吃饭，虽然不吃肉，但他们还是会和其他非素食主义者同桌吃饭，并且不会在饭桌上发牢骚，破坏气氛。同样，那些吃肉的人也会时不时地陪他们的素食朋友去素食餐厅吃饭。

有一次，当我踏进洛杉矶的"十字路口厨房"（Crossroads Kitchen）餐馆时，我以为进错了地方，或者产生了幻觉，以为自己进了某个豪华的西好莱坞餐厅！里面的坐椅都是皮质的，灯光幽暗，忽隐忽现，有长长的鸡尾酒吧台，同时菜单下面标注着厨师的名字，菜谱上有卡尔博纳拉意大利奶油培根面、香肠、奶酪拼盘等。不过，这些食品不是真的肉类或者乳制品，因为制作这些食物的原材料全都是植物。我向你保证，它们绝对好吃。这种聪明的烹饪方式一方面受到素食主义者的欢迎，同时也满足了那些嘴馋的人。

像可爱的洛杉矶厨师那样吃蔬菜：

➡ 把热狗里的肉火腿肠换成红萝卜肠。这是洛杉矶弗里茨热狗店（Fritzi Dog）提出的一个很棒的主意，该店以其传统的热狗闻名。为了迎合绿色食品的消费群体，厨师们想出了这个绝招。他们不想用蔬菜合成火腿肠代替肉类火腿肠，于是想到了有机红萝卜。他们事先精心地把红萝卜放在含有26种香料的汤汁中腌制18个小时，这实在是个绝妙的主意！

◆ 通常我们的午餐主菜是大块的肉类或者鱼类，同时配以少量的蔬菜或者其他辅食。现在注意健康饮食的人们把这两者反过来，把蔬菜作为主菜，梅尔卡餐馆（Bäco Mercat）就是这么做的。这个餐馆并不是一家素食餐馆，它的菜单上有荤菜。但它同时供应种类非常丰富的蔬菜，有烤茄子、焦糖花菜、红烧绿花椰菜，或烤南瓜配希腊奶酪和蜂蜜，布鲁塞尔小圆包菜做的恺撒沙拉……仅仅看着菜单上的这些名字，就觉得美味可口。

◆ 也可以把蛋白质作为一种添加剂。在科米塞里（Commissary）餐馆，厨师罗伊·崔有一道拿手菜，名为"五谷彩虹碗"。这道菜的名字来自彩虹和五谷杂粮的组合，它的特色是在碗底放各种坚果杂粮，再在上面铺上新鲜的各种色彩的时令蔬菜（生菜和烹饪恰当的熟菜）。你还可以另外添加豆腐、鸡肉、牛排，不过这些是需要额外付费的。

◆ 你也可以像格拉西亚·马德雷（Gracias Madre）餐馆一样自己发明各种菜式。格拉西亚·马德雷餐馆是一家墨西哥餐馆，2014年开业，是洛杉矶第一

弗里茨热狗店
洛杉矶市中心牵引大道（Traction Avenue，Downtown Los Angeles）
西好莱坞西3街，原农民市场（West 3rd Street，West Hollywood）
http：//fritzidog.com

梅尔卡餐馆
洛杉矶市中心南主大街（South Main Street，Downtown Los Angeles）
www.bacomercat.com

科米塞里餐馆
韩国城威尔希尔大道（Wilshire Boulevard，Koreatown）
www.eatatpot.com/commissary-info

家墨西哥素食餐馆。厨师钱德拉·吉尔伯特（Chandra Gilbert）于2009年已经在旧金山开了一家餐厅，其主打菜品是酸橘汁腌鱼或油炸玉米饼。

◆ 再介绍一个素食奶酪拼盘的创意。记得像"十字路口厨房"的主厨那样在托盘里配放一些核桃和越橘果酱来装饰拼盘。现在市场对素食奶酪的需求已经远远超过了过去素食者对豆腐的需求，后者如今成了一种基本食材，而不再是主要菜式。

◆ 还有一种方式，在做自己喜欢吃的三明治时，用素食奶酪代替芥末或者意大利香蒜奶酪酱来涂抹面包。这样的三明治也会很好吃，就像弗罗米吉（Vromage）素食奶酪店里卖的那样。

◆ 选择既没有动物奶油也不含蛋成分的冰激凌。这种素食冰激凌材料不仅仅局限于纯水果。它的基本原则是素食，不含任何动物的成分，但是一样可以用植物奶制作的奶油，比如杏仁奶或者椰奶。我们自己在家里做的时候还可以学习著名的盐稻草餐厅（Salt & Stra）的香料制作方法，加上草莓、椰子和墨西哥山核桃饼干。

格拉西亚·马德雷餐馆
西好莱坞梅尔罗斯大道
（Melrose Avenue，West Hollywood）
旧金山使命街
（Mission Street，San Francisco）
http: //graciasmadreweho.com
http: //gracias-madre.com

十字路口厨房
西好莱坞梅尔罗斯大道
（Melrose Avenue West Hollywood）
www.crossroadskitchen.com

弗罗米吉餐馆
西好莱坞日落大道
（Sunset Boulevard，West Hollywood）
www.vromage.com

盐稻草餐厅
在洛杉矶、旧金山和波特兰都有分店
http: //saltandstraw.com

曾经风靡的半熟式蔬菜烹饪理论是为了保持蔬菜的营养成分，比如维生素、酶、纤维和各种矿物质，以使蔬菜的活性营养成分在最大程度上能被人体吸收，半熟式蔬菜的烹饪温度永远不要超过42摄氏度。在洛杉矶一些有声誉的主厨的带动下，几年前这个烹饪理念风靡一时。随着新的健康饮食潮流不断地涌现，如今这种理念已经慢慢地消逝了。现在仅仅可以在前面提到的五谷彩虹碗这样的生熟搭配的菜式里才会看到这种半熟烹饪的蔬菜，或者是以生巧克力为原料的糕点里——由于可可豆里含有丰富的抗氧化剂，这让爱吃生巧克力糕点的人有了一点心安理得的感觉。

昔日辉煌的半熟式饮食理念日渐衰退的原因是什么呢？是因为时下的新鲜蔬菜水果榨汁吧的竞争？要知道，新鲜蔬菜水果榨汁吧的产品没有经过任何的烹饪，而且纯天然。

抑或是其他的一些不可避免的原因，比如人们越来越普遍的食物过敏现象？有的人对含有麸质的食品，比如一些乳制品、核桃、大豆等有过敏症状，这种现象自然而然地影响着人们的饮食习惯和餐馆的菜系潮流。再或者是因为，加州人是一个对新鲜事物有着巨大兴趣的群体？这种兴趣也包括他们对饮食的好奇，对新的厨师的欢迎，以及对新的饮食理念的接纳。也不排除是由于另外一种简单自然的淘汰现象，人们对长久以来习惯了的食物吃得有些厌倦了，自然倾向新的饮食理念。

正如社会发展规律一样，社会潮流谁也挡不住，人们的饮食理念不停地变化，大师们日新月异的厨艺带动着饮食文化这个大舞台不断地翻腾旋转。

烤花菜这道素菜是所有餐馆里必有的一道菜。

它的菜谱如下（这个菜谱吸取了阿玛酒吧餐厅名厨约瑟夫菜谱的灵感，我简化了不少，可以说是腰果泥菜系的新花样）：

花菜配料：

一棵大花菜

20克科蒂哈奶酪（一种墨西哥奶酪，由牛奶制成，近似希腊菲达奶酪，可以用菲达来代替）

1小根香菜

3汤匙橄榄油

绿柠檬汁

盐

胡椒

腰果泥配料：

100克腰果

40克科蒂哈奶酪

半根香菜

半瓣大蒜

半个绿柠檬皮

3小勺卡宴辣椒粉

70毫升的橄榄油

盐

胡椒

制作方法如下：

- 准备腰果泥。用搅拌机把腰果粗略地打碎，然后在锅里把它炒焦。
- 把炒焦的腰果（记着留一点后面做装饰点缀备用）、打碎的科蒂哈奶酪、香菜、蒜瓣、绿柠檬皮、辣椒、橄榄油全部都放进搅拌机中，搅拌至稠状，注意不要搅拌得太细腻。撒上盐和胡椒粉。
- 开始准备花菜，把花菜掰成小块，尽量保留其本身的小花状态。
- 大煎锅里放适量橄榄油，中火烧热后加入准备好的花菜泥，稍微炒一下盖上锅盖焖10分钟至花菜变软，然后再翻炒几下，同时注意适度地加水以防止粘锅。
- 把炒好的花菜盛放在碗里，加上前面做的腰果泥一起搅拌均匀。再在上面铺上炒焦的碎腰果、剪碎的香菜、碎科蒂哈奶酪，最后滴上绿柠檬汁。

主厨

在加州，主厨是让人梦想的终极职业，给人以超性感的印象，这其中很大一部分原因是电视里的饮食节目把主厨们捧成了明星人物。不过加州的主厨们都表现出另一种姿态，在一个对饮食有着高度热情的地区里，主厨们拥有饮食王国里上帝般的地位。大众都用仰慕的眼光看待他们，大家认为最幸运的事情就是能有机会和主厨们合影留念。但同时，这些主厨又和大街上行走的你我他一样在厨房里忙碌，全神贯注地做菜，对慕名而来的粉丝们并没有丝毫的觉察。

总之，加州的主厨一方面是媒体营造出来的明星，一方面又是一个普通的厨师。他一般只是到餐馆里转一下，看看后厨的情况，做一些指导性的工作，顺便也观察一下餐厅里的客户。这些主厨很多后来都自己开店做了老板，雇用一群以前随他学习的学员（后者也怀着有一天自己开店当老板的梦）。

一天，我碰到了这些主厨中的一位，罗伊·崔。当时他两手插在口袋里，站在自己的快餐车前面。他同时担任洛杉矶好几家有名餐馆的主厨，也曾在著名的大餐厅里实习，毕业后抓住了快餐车这一行业的发展机会，投身其中，把一辆陈旧的旅行卡车改造成了一个有名的移动餐馆。很快，移动餐馆在加州不再仅仅是一个便利的、可以随时随地停在办公大楼附近的餐馆，同时还变成了一个大家凑热闹的地方（有的人不惜从城市的另外一端开车过来）。现在，房租不断攀升，对那些刚出道的年轻厨师来说，租实体店越来越困难，因此快餐车这一行业的热度依然丝毫不减。同时，加州人热衷于各种户外活动，比如露天电影或者露天演唱会、跳蚤市场、步行活动日，还有其他各种节日或活动日等。快餐车现在变成了这些户外活动不可缺少的一部分，活动节目单上甚至会特意说明有快餐车的参与。现在人们出门不仅仅只是为了看一场电影，或者去集市买蜡烛等手工艺品，同时也是为了在街头巷尾大饱口福。

快餐车供应的菜品有很多种类，包含各种口味：有汉堡包、炸鱼薯条、炸鸡翅、比萨饼、墨西哥快餐、中式快餐，以及巴西、日本、菲律宾等世界各地的菜肴，还有各式甜品，家庭作坊制作的冰激凌、甜饼圈、布丁果冻……游牧酒店（Nomad）拥有一家很有名的餐馆，餐馆在酒店里开业之前，它的快餐车跑遍了洛杉矶的大街小巷，目的是给它的高档餐厅做广告。别看去快餐车吃饭时，大家都是站在外面，或者是在旁边的一块空草坪上，或者是靠着旁边的墙壁用餐，但快餐车的食物并不都是廉价食品。龙虾堡快餐厅（Cousins Maine Lobster）的缅因州大龙虾三明治，汽车餐厅格里拉·塔科斯的松露或海胆炸玉米饼的价格并不便宜。当然，也不是说最贵的食物就是最好吃的。

那些没有卡车的厨师会在街头偏远一点的地方摆一个临时小摊位，在这里大家也可以吃到可口的食物，价格会便宜很多。如果某个摊位碰到食品评论家金·乔纳森并被他称赞的话，这个位于偏僻角落的摊位就会火爆起来。

整体上来说，一顿饭的价格一般在1.5到15美元之间，就看你的钱包是否允许，还要看有没有大吃一顿的心情。运气好的时候，会碰到价格便宜却美味可口的食物。

如何像他们那样随时随地地吃东西：

◆ 寻找各地的快餐车。在法国，快餐行业近几年来发展非常迅速，几乎每天都有一家新的快餐店开业。以这样的速度发展下去，每个人家附近都会出现一家快餐店。

◆ 把大街小巷的街头饮食作为新的美食。

埃格斯拉特餐厅

洛杉矶市中心南百老汇大街农贸市场
（South Broadway, Downtown Los
Angeles, Grand Central Market）
www.eggslut.com

三个家伙餐厅

好莱坞高地大道（Highland
Avenue, Hollywood）
troismec.com

无论是否有快餐行业的从业经验，洛杉矶的新厨师们都是洛城的新宠，饮食界的帝王。我之所以说洛杉矶，而不提旧金山或者加州的其他城市，主要是因为我住在号称天使之城的洛杉矶，对当地的饮食和餐馆比较熟悉。再者，在洛杉矶，人们感兴趣的是厨师本人，而不像其他城市的人对餐馆更感兴趣。

此外还有一点，洛杉矶可爱的厨师们是出版厨艺类书籍最多的。估计是因为他们对每年的《米其林旅游指南》总是介绍法国的马卡龙甜点而不介绍他们感到不满。

这里所有的厨师都有自己的创意，或者会在原来的菜肴基础上进行翻新创作，他们每个人都为美食这座大厦贡献自己的一片瓦、一块砖。厨师罗伊通过创建快餐连锁店把他的饮食王国扩展到了更广阔的天地里，这些快餐店价格适宜，食品质量也有保证，贫困的街区里也有其连锁店。厨师阿尔文·凯兰（Alvin Cailan）也是一个例子——阿尔文出于对鸡蛋的狂热喜爱开了一家极有人气的鸡蛋料理餐厅"埃格斯拉特"（Eggslut），他能做出各种花样的鸡蛋，但他不满足于只在自己的鸡蛋"浪花"里冲浪，他还致力帮助同行们创业。"市中心"（Downtown）就是他开办的餐馆，旨在帮助那些刚出道还没有能力自己开餐馆的年轻厨师。

法国名厨鲁道·列斐伏尔[1]（Ludo Lefebvre）联手另外两个西部地区最佳厨师乔·舒克（Jon Shook）及维尼·杜托洛（Vinny Dotolo）一起开办了一家全新的法国特色风味餐厅"三个家伙"（Trois Mec，法语）。

主厨约瑟夫·森特诺（Josef Centeno）将自己的各种灵感融入到了烹饪的

---

1 译注：鲁道·列斐伏尔是加州当地一位具有实验主义精神的法国名厨，他被誉为临时游击餐厅体验的掌门人。其餐厅"三个家伙"被评为全美十佳餐厅之一。

理念当中，从他的第一家主打拉美风情的餐厅梅尔卡餐馆到后来供应众多墨西哥风味小食的酒吧阿玛酒吧。他是最早的一批素食主义者之一，他甚至给自己的一家餐厅取名为P.Y.T.（意为秀色可餐的黄萝卜）。

厨师沃尔特·曼茨克（Walter Manzke）的成功创意则是一店两用：白天他的店铺“共和国”（République）是顾客们喜欢的甜点面包铺，晚上则化身为生意兴隆的餐厅。加州美食界里这样的例子还有很多，在此我就不一一列举了。

P.Y.T. 餐厅

洛杉矶市中心南主大街（ South Main Sreet Downtown Los Angeles ）

www.pytlosangeles.com

共和国餐厅

西好莱坞南拉布雷亚大道（South La Brea Av. West Hollywood）

republiquela.com

厨师的书

《我的生命，我的城市，我的美食》

这本书是名厨罗伊·崔的自传，罗伊是著名的科米塞里餐厅的主厨，同时也是时尚连锁餐厅惬格（Chego）和罗客（LocoL，亚洲料理）的创始人。他在这本个人自传里传授了做沙茶酱鸡等各式菜肴的秘诀。

餐厅地址：

- 惬格餐厅，洛杉矶市中心北百老汇（North Broadway，Downtown Los Angeles）和卡尔弗城华盛顿大道（Washington Boulevard，Culver City）
eatchego.com

- 罗客餐厅，瓦特东103街（East 103rd Street，Watts）
www.welocol.com

《所有我想吃的美食，斯科尔餐厅和新的加州烹饪》

长长的书名下印着作者杰西卡·科斯洛（Jessica Koslow）的名字，她的绝活是制作爆米花、意大利斯考塔奶油吐司和牛油果烤面包。斯科尔餐厅是她在银湖区创建的一个微型餐厅，店里的菜谱在加州普通菜式基础上融入了健康饮食的理念，吸引了许多银湖区的时尚人士。

斯科尔餐厅地址：
银湖北维吉尔大道（North Virgil Avenue，Silver Lake）
sqirlla.com

◆

《素食，家庭厨房的现代食谱》

杰瑞米·弗克斯（Jeremy Fox）是圣莫尼卡乡村峡谷餐厅（Rustic Canyon）的主厨，他擅长把素食发挥到极致。这是一本很不错的书，里面有很多吸引人的图片。除了希望大家欣赏书中的图片，作者更希望他的书最后在读者手中被反复翻阅到到又脏又破！

乡村峡谷餐厅地址：
圣莫尼卡威尔希尔大道（Wilshire Boulevard，Santa Monica）
rusticcanyonwinebar.com

◆

《吉利纳，加州威尼斯海滩的厨艺》

这本书介绍了加州洛杉矶威尼斯海滩附近的餐馆吉利纳的饮食理念，它的名菜有豌豆炖茴香沙拉和橄榄油糕点。其特色是既保持了传统的风味又有改良后的清淡，不但好吃还很健康。这家餐厅菜式混合了意大利和美国口味，周末潮流人士聚集，是威尼斯海滩最受欢迎的餐厅之一。

吉利纳餐厅地址：

威尼斯阿博特金尼大道（Abbot Kinney Boulevard，Venice）

www.gjelina.com

◆

《甜品》

爱吃甜食的人会喜欢这本书！作者瓦莱丽·戈登（Valerie Gordon）是点心铺瓦莱丽的名厨，她的迷你甜点王国里最有名的是白巧克力蛋糕、松露菌糕点和各种果酱夹心蛋糕，更不得不提的是香槟蛋糕。

瓦莱丽餐厅地址：

– 回声公园大道（Echo Park Avenue，Echo Park）

– 洛杉矶市中心大中央市场南百老汇（South Broadway Downtown Los Angeles，Grand Central Market）

www.valerieconfections.com

网络上那些美食博客

@Faring Well

博主展示的是明媚阳光下的健康饮食，食材直接来自南加（SoCal，加利福尼亚州南部的简称）。

@What's Cooking Good Looking

风味主打纯天然产品——各类谷物，以及所有对身体有益的食物。

@Betty Liu

一位立足波士顿，同时深受祖籍中国的食物和童年居住地加州饮食的影响的博主。

@Kitchen Confidence

这是一位食物探险家，他所展示的美食主打时令蔬菜水果，并且把它们的作用发挥到了极致，还发明了各种风味的鸡尾酒。

@A Side of Sweet

这位博主的风格兼具旧金山的城市化和健康化特色。

@Hither & Thither

从食物到装饰都有其独特的风味，该博主简直可以称为我们在旧金山海湾区的闺密！

@julieskitchen

她将每一道菜、每一张餐桌打造得极具艺术感。她的家居以及她的生活方式，都展示出一种梦幻般的加州生活。

@hungryinLA

博文里可以看到洛杉矶最让人嘴馋的餐厅的内幕。

洛杉矶新一代的厨师们还引领了一个特殊的潮流——全日早餐模式（all-day breakfast）。全日早餐，顾名思义，就是餐厅全天提供早餐食品，随时提供炒鸡蛋、油煎马铃薯块以及烤薄饼，食物分量都特别充足，并且价格实惠。这种全天服务在很大程度上满足了不同客户群体的需求，也可能是因为并非所有的人都踩着同样的时间点去办公室上班，大家的时间安排彼此不同，吃饭的时间也不再像过去那样固定了。

我前面提到过的主厨阿尔文那地处中央农贸市场的、总是门庭若市的快餐店埃格斯拉特，还有杰西卡·克斯洛的超有人气的斯克尔餐厅都采用了这种模式。同样深受消费者喜爱的还有很多其他不知名的快餐店。因为这种全天服务模式的出现，人们可以随时吃到一顿扎实的早餐，包括各种花样的鸡蛋和其他食品。这种模式让大家总感觉自己还在早晨，"一日之计在于晨"的黄金时段，或者没有时间概念的星期天。这种全日早餐的潮流还影响了其他方面，比如通常人们只在周日休闲时才享用早午餐，现在则出现了全周早午餐。大家可以在周一、周三，或者周中任何一天到餐厅好好吃一顿早午餐。不一定非得和家人或朋友一起，你完全可以自己一个人来吃早午餐，带上一本书，笔记本电脑或者手机。现在在洛杉矶，如同在加州其他的城市一样，继日本寿司和拉面热潮后，全日早餐成了最新的饮食潮流。

全日早餐

◆ 花样无穷的炒鸡蛋（还可以配上火腿、蘑菇或者菠菜）。还可以来点加州风味鸡蛋，只用蛋白而没有蛋黄！据说这样可以减少热量的摄入，不过老实说，这样也大大降低了鸡蛋的营养价值。

◆ 奶油溏心蛋，蛋黄呈流质，用足黄油，或者意大利帕尔玛奶酪。也可以选择魁北克蛋松饼，里面夹火腿或者三文鱼。

◆ 将煎鸡蛋放在羽衣甘蓝卷心沙拉里，或者奶油玉米饼上，也可以放在涂满牛油果酱的吐司上。

◆ 包有肉菜馅的煎蛋饼。原料是鸡蛋，可以根据个人口味随意添加些许时令蔬菜，把它们混合在一起放进烤箱里烤制。

◆ 埃格斯拉特餐厅的特色鸡蛋。在两片烤得焦黄的面包之间夹上用英国车打芝士和韭菜一起做的溏心蛋，再加上烤得焦黄的糖制洋葱和香甜蛋黄酱（蛋黄酱加芥末和香甜辣椒酱）。也可以夹上煮的溏心蛋、培根、车打芝士和墨西哥塔巴斯克辣椒酱。

◆ 熟番茄辣椒沙拉，中东国家的经典菜式。由番茄、青椒、羽衣甘蓝、酸奶和香菜混在一起制成的炖菜，上面再放一个煎鸡蛋。吃的时候配上烤面包，用面包蘸汤水吃。

◆ 一旦主食吃饱了，不要再吃任何甜点。如烤牛角面包、黄油或者果酱烤蛋糕等，尽管这些美食很诱人，但是都不要再吃了。

◆ 如果实在想吃甜食，可以选择"完美酸奶"，一种加了谷兰诺拉什锦水果麦片及红色水果的酸奶。

◆ 也可以选择用枫糖浆烤制的燕麦饼干，当然是在那些少有的放松自己和满足胃口的日子里！

洛杉矶菜式常用烹饪材料清单

- 牛油果

牛油果的好处很多, 它可以加在任何一道菜里。牛油果富含对健康有益的不饱和脂肪酸、维生素C、维生素E、钾和镁等。熟透的牛油果果质软化, 外表光滑细腻, 加上几滴橄榄油和柠檬汁后十分美味!

- 户外饲养的鸡所下的蛋

全天早餐模式必不可少的食材。

- 覆盆子和蓝莓

具有抗氧化功能的水果, 在洛杉矶一年四季都有, 适合用来做所有的甜点。

- 鹰嘴豆泥

可以涂抹在面包上吃, 也可以直接吃, 还可以加在五谷碗里吃, 它是加州菜系里的绝对美味。

- 牛油果泥

在彻底放松的日子里, 坐在电视机前, 手端一盘玉米片, 用玉米片蘸着牛油果泥吃, 那叫一个惬意!

- 酸白菜

一道很流行的菜, 因富含益生菌而备受青睐。这可不是法国阿尔萨斯那种有名的热乎乎的香肠配酸白菜, 而是沙拉冷盘菜式。

-所有可以找到的蔬菜

用于煨制各式汤菜或者随意搭配创意菜肴。

- 冷冻豌豆

这里的豆类之丰富，过去我是不知道的。但由于其他豆类产品淀粉含量高，大家多少不是很喜欢。因此豌豆更受欢迎，许多菜肴里都有它。

- 五谷杂粮

没有五谷就不会有五谷碗。选择五谷时最好买散装的，而不是袋装的，算是更环保的消费——零浪费。

- 葵花籽、亚麻籽或奇亚籽

可以加在任何的菜式中。

- 各类干果

对，饿的时候来一把干果！

- 花生酱

不含添加剂的那种，也可以选择杏仁酱、芝麻酱。这些都是营养小吃，前提是不要过量。

- 蜂蜜

想吃甜食的时候，请用蜂蜜代替糖。蜂蜜还可以用来制作各种美容护理品。

- 奶油面包、汉堡面包或百吉饼。

用来做三明治，或者请朋友吃烧烤时需要。

- 植物奶

用于制作各类佐料、泡麦片或者作为饮料直接喝。

家庭式风格

　　去美国旅游过的人都会注意到这样一个现象：餐馆里菜分量很足。这种现象如今在那些时尚餐厅里已经完全看不到了。现在的时尚快餐店里的主菜分量是比较合理的，一般还会给大家提供一种被称作"小盘"分量的菜。这种小盘的分量有所减少，但花样更丰富，你可以点几个不同种类的小盘，然后和大家一起分享。除了小盘和分享，"家庭风格"在今天也成了时尚餐厅新的关键词之一。

　　小盘类似西班牙的"塔帕斯"，但它又不像塔帕斯一样只是头盘前菜，而是可以代替正餐。如果你不准备再另点一盘主菜，服务员会建议你点三四种不同的小盘作为一顿正餐。点主菜如今慢慢地变得有些落伍了。

　　现在人们追求的首先是质量而不是数量。与其点一大块意大利布莫扎里拉奶酪，不如点一小块更优质的意大利布拉塔奶酪；或者吃一小盘精致的混合生菜沙拉，而不是点一大盘够吃三个星期的生菜。除此以外，这种新型的餐饮模式还给顾客提供了一种舒适休闲的感觉，并创造了一种生活哲学，这也是过去餐饮业一直希望做到的。现在人们来餐馆吃饭不仅仅是为了填饱肚子，也不会吃完马上就走。美食之外，大家倾向于聚集在一起聊天，度过一个愉快的夜晚。

自然，客户的这些新需求改变了餐饮业的服务模式。过去向单人供应一盘主菜，比如一大块煎牛排或者三文鱼的模式已经不符合新的需求了，因为你没有办法把这样的主菜和大家一起分享。这种营养成分较高、蛋白质过剩的传统主菜慢慢地退居二线了，甚至渐渐被人们遗忘。代替它的是厨师们千方百计发明的各种新型小盘食品，这给人们提供了品尝多种风味的乐趣。

别把这种各式小盘混合搭配模式和上个世纪90年代红极一时的混合式菜式混淆。现在只是用各类小盘搭配，不像当时那样将各类食物和各地风格混合搭配后做出新型菜式。现代厨师们观察和学习世界各地的美食，然后再在美国饮食原有的基础上引进意大利、法国和西班牙风味，同时还从亚洲和中东菜系风格中获取灵感。

让我们来看一下共和国餐厅的明星款菜单，可供选择的范围非常广，有法国的鹅肝酱配烤吐司、蜗牛配面包，西班牙的烤章鱼、咖喱红薯煎饼，希腊的橄榄油泡生鱼片、溏心鸡蛋配烤面包……最让人觉得不可思议的是，这些菜式不会让人犹豫不决，不会让你像看到土耳其烤肉饼店或者布列塔尼煎饼店那样，因为不确定它们是否是正宗的美味而产生犹豫。厨师们对这些小盘式菜的制作工艺都把握得很好，道道菜都美味可口。所有小盘的结合构成了餐厅的主打风景线。

如何以这种方式在家宴客

◆ 首先，把过去那传统的"头盘—主道菜—甜点"前后三道进餐程序忘掉。这种单一的方式有时会让人感到尴尬，比如主人事先没有得到相关信息，导致有些客人碰到一盘完全不吃的菜，或者为吃素食的客人准备了一盘荤菜。

◆ 忘掉主菜。

◆ 进餐时，直接上各种小盘，代替过去的有序的头盘和主菜。

◆ 选择一些简单的食物，尽量用各种香料调味品来搭配并增添色彩及美味。

◆ 烧烤是一种简单的方法，比如烤一条章鱼，配上橄榄油和绿柠檬汁。

◆ 不要考虑各种小盘是否搭配得当，你的创意就是最好的搭配！

◆ 在每个托盘上准备一个大勺，供客人们自己动手使用。

◆ 享受美食的时候别忘了和大家聊天。

◆ 最后的甜点最好也尽量简单，比如摆出一大碗冰激凌和松脆香酥饼干，让客人自己取饼干蘸冰激凌吃就很理想。

正如前面提到的，如今人们去餐馆吃饭更多是为了与大家一起分享各种美食，包括最后的甜品——除非你碰到一个实在很吝啬的好吃客，舍不得分享他的甜点。这里有一个很值得我们注意的细节，在法国，当人们提到去名厨餐馆吃饭时，人们首先会想到一个高雅而昂贵的，平时不会随便涉足的地方。而且如果有机会去的话，大家还要注意衣着，甚至考虑是否要请上爷爷奶奶。在洛杉矶完全不是这么一回事。当然，洛杉矶也有不少这样的高级餐馆，但是未来的饮食潮流不是由这些餐厅来引领的，吸引年轻人的也不是它们，受大众欢迎的更不是它们。潮流餐厅的顾客平均年龄在35岁左右，并且会穿着一身牛仔裤和运动鞋进出餐厅。他们三五成群地来吃饭，服务生和他们打招呼时直接说"嗨，伙计们，你们好！"来这里吃饭不会有人吃传统的正餐。尽管这里的价格也不是"白菜价"那么便宜，但比起那些不好吃又贵的东西，它的性价比还是相当不错的。

这也许和这些餐厅的主厨们的出身有一定的关系。许多主厨都是普通人出身，没有什么雄厚的背景支撑，很多人还是摆街头饮食摊起家的。或者，这种现象仅仅是加州人传奇的悠闲生活态度的一种体现！

如此看来，加州人的饮食文化是否可以说是一种把食物和休闲，甚至是和快乐融合在一起的厨艺文化？在西海岸，有些人就这个问题辩论过。如果说加州的美食不是一个简单的世界菜系的大杂烩，那么这种饮食是否有一套真正的理念。他们之所以这样问，是因为在不少地道的洛杉矶或者旧金山餐厅里，菜单上提供的多是火腿、干香肠和熏肉腊肠拼盘，而这种拼盘好像不是地道的加州风味。在《加州饮食的变革》这本书中，作者乔伊斯·戈德斯坦（Joyce Goldstein）讲述了在30年前的加州，人们在商店里找到除了冰菜以外的其他新鲜蔬菜如何困难，尽管当时社会还留有嬉皮士乌托邦文化以及他们那种和大自然融合的生活方式的痕迹。作者在书中用五个词语描述了加州的饮食文化：新鲜、时令、本土、可持续性、创新。这五个词概括了当今加州普遍受欢迎的美食理念。

打包

　　打包是我在美国餐馆喜欢做的事之一。想想看，在餐馆用餐后的第二天，你只需在家里打开冰箱，就有一盒头天从餐馆里带回来的、由专业名厨亲手做的菜，是一件多么让人愉快的事情。为了方便顾客打包，加州的餐厅里有各种配套设施：卖拉面汤的餐厅会为顾客提供带塑料盖的纸壳包装碗，其他餐厅也都有各自的包装盒，且大小齐全，有的还配有纸袋或者塑料袋以方便顾客携带。在这个通常被指责和批评浪费的国度里，打包这种做法让我钦佩不已。要知道在法国，打包剩余的食物不大行得通。我是个习惯要求打包剩下的食物的人，但是在法国，每次我要求打包时都会被以各种理由搪塞，或者服务生会用带着吝啬两个字的眼神看着我，或者高傲地回答说"不，我们店不给客人打包"，或者会试图说服我说"不，剩菜到第二天就不好吃了"。最好的情况下，服务员也只是找来一块不合适的铝箔纸随便包一下，想想那里面包着（不是装着）的是没有吃完的柠檬蛋白蛋糕！

酒吧之星

加州除了有明星厨师，还有咖啡师。咖啡煮得最好的不是一位祖母级人物[1]，而是我们的咖啡大师。咖啡师、明星厨师、调酒师，三者在加州都受人尊敬。

过去美国的咖啡很简单，而且不好喝，欧洲人甚至会觉得无法入口。唯一的好处就是便宜，还可以随意地喝，在这种背景下，星巴克咖啡连锁店诞生了。20世纪70年代悄然出现的星巴克在20年后风靡全球，它向公众提供装在特色杯子中的卡布奇诺、意式浓缩或者玛奇朵咖啡。星巴克一出现就备受加州人的喜爱，它的理念满足了加州先锋人士对奇异的追求，伴随着星巴克一起涌现出来的，还有特色的杯子、手工采摘的种子，以及那时尚的精品店面……

今天大家所认识的洛杉矶银湖区就是在这样一家咖啡店周围开发并发展起来的，现在的银湖区是一个"布波族"[2]的集中地。这家咖啡店就是"智慧咖

智慧咖啡
有多家店面，其中银湖区的地址是：
银湖西日落大道（West Sunset
Boulevard Silver Lake）
www.intelligentsiacoffee.com

1　译注："祖母煮的咖啡最好喝，啦啦啦，啦啦啦……"这句话来自法国祖母牌咖啡的广告词。
2　译注：即BUBO族，指拥有较高学历、收入丰厚、追求享受并崇尚自由的人群。

啡"（Intelligentsia Coffee）连锁店。智慧咖啡店起源于芝加哥，2007年它以一种全新的面貌登陆加州。在他们店里喝咖啡，想和咖啡师聊天不太容易。想想看，你在咖啡馆里一边喝咖啡一边和咖啡师聊天，你只是随意问了他一个简单的问题，比如新鲜调制咖啡好不好时，这位职业的咖啡师马上满怀激情、极其认真地给你详细介绍这种咖啡豆的来源、采摘、烘培和渗滤的全部过程和技术……

总之，咖啡店和它店里发亮的浓缩咖啡机以及法式压壶咖啡机，如今都成了加州生活中不可缺少的一部分。

你可以一个人带着电脑去咖啡馆喝咖啡，享受免费的无线网络，同时还可以有机会结识新朋友。也可以与朋友们相约见面，也有人在咖啡店和人约谈工作，我还经常看见一些创业公司在咖啡馆里招聘面试。对未受聘的面试者来说，咖啡馆的环境会比办公室那种铺着灰色地毯、天花板低矮的环境轻松得多。这些有名的咖啡馆发展很快，连锁店一家接一家地开张。当然，它们不是要效仿星巴克开到全美5 000多家连锁店那样的规模。要知道，星巴克在加州拥有2 000多家连锁店（远远超过有约600家的得克萨斯州，纽约也不到400家）。

这个发展趋势和当地人致力保护生态系统和生态环境的精神背道而驰，在他们的生态理念中，商业发展的规模要和居民区的规模和生活需要挂钩，规模最好控制在一定的范围里，这一点至关重要。比如，理想的情形是一个居民生活小区只有一家星巴克。

"茶瘾君子"

我是个例外，我不喜欢喝咖啡。我是一个很棘手的、永远都不满足的人。我喜欢喝茶，茶过去在洛杉矶没有市场。幸运的是在我到这儿之后不久，茶就开始流行起来了。大致看来，茶饮制作比咖啡制作要简单得多，它不需要那么多的知识和经验，也不需要机器设备，大家在家里就可以轻松地沏茶。不过，各家咖啡馆都纷纷把看似简单的茶饮写进了他们的菜单，并通过他们的精致服务把茶饮提升到了一个新的高度。智慧咖啡馆里提供的茶叶来自世界各地最好的产茶区，有乌龙茶、白茶、绿茶或者黑茶。为了得到最好的茶，服务生沏茶时会在旁边放一个计时器，泡茶时间以分秒计算（不过价格不菲，而且顾客不能随意地反复冲泡，因为茶叶袋不在茶杯里）。

著名的阿尔弗雷德咖啡馆（Alfred Tea Room）的宣传口号是"不过，请先来一杯咖啡吧"。为了经营茶饮业，店主用一堵粉色的墙壁把咖啡馆一分为二，隔出了一个阿尔弗雷德茶室。这个粉色墙壁的茶室服务很简单，他们只给我一袋茶和一大杯白开水，这我自己在家里就可以做了。

如何制作类似智慧咖啡馆里的茶饮

– 忘掉那些加了各种香料的茶，选择正宗原味茶，比如：茉莉花茶、平水珠茶、玄米茶、煎茶、天然南非博士茶，或者简单的白茶、乌龙茶。

– 尽量选择散装茶叶，避免袋装茶。散装茶叶保留有更好的茶味和营养。

– 茶泡的时间要精确，可以用著名的法式咖啡机泡茶。

– 水的量要依据茶量而定，要保证茶的浓度，不能因为水太多而冲淡了茶味。

– 把泡好的茶倒进一个透明的大玻璃瓶里，把瓶子放在一个木制托盘上。然后用一个很小的没有把手的陶制茶杯喝茶（就好像真的在银湖区的城堡里一样）。

– 和朋友们一起喝茶，或者和电脑这个特殊朋友一起喝茶。

加州人热衷于新潮，从不放过任何一个新兴事物，对美食的追求也让他们不会放过每一种新的健康食材。目前市场上流行的是抹茶，这种绿色的细茶粉末因对人体有很多的益处而闻名。据说它有超强的抗氧化功效，可以增强人体免疫力，富含维生素A、维生素C和维生素E，同时还有利尿功效。抹茶在日式糕点房里被广泛使用，尤其在洛杉矶的小东京区和旧金山的日本城。它现在也成了很火热的饮料，法国也开始饮用抹茶。不同的是，在西海岸，抹茶很快被当地的咖啡师引进到了所有的咖啡馆里。抹茶吧，这个发源于纽约的时尚潮流很快扩散到全国，落脚到了洛杉矶。抹茶吧里大量供应抹茶，冬天时供应热饮，夏天则供应冷饮。几个月前还很难找到的抹茶，现在在超市里可以轻松买到，各家各户的厨房里现在也都出现了抹茶。真是不得不佩服美国人对市场的反应速度。

抹茶吧（Matcha Bar）
银湖日落大道（Sunset Boulevard，Silver Lake）
matchabarnyc.com

在某些咖啡馆里，为了跟上潮流，与时俱进，咖啡师不得不身怀多种技能。他得会熟练地制作昨天还是前卫新颖，今天已经普及的东西，同时又要掌握刚刚出现的新东西。比如曾经红极一时的铁茶，这是一种由黑茶、奶和香料混合制作的饮料。一段时间之后，它被一种称作"黄金奶"的饮料取代。这种黄金奶又叫"金奶"或者"金铁"，它是一杯加有姜黄和生姜的奶，奶最好是植物奶。姜黄和生姜成分使得奶的颜色变得金黄，同时使它具有和抹茶一样的抗氧化和消炎功能，此外

巴尔多纳有多家店面：
－圣莫尼卡蒙大拿大道
（Montana Avenue，Santa Monica）
－银湖日落大道
（Sunset Boulevard，Silver Lake）
Instagram@bardonnala

它还被认为具有预防癌症的效果。它的制作方法简单，可以热饮也可以冷饮。有一家叫巴尔多纳（Bardonna）的咖啡馆，在银湖区、拉奇蒙特区（Larchmont）和圣莫尼卡城区都有分店，我在那里喝过平生最好喝的黄金奶，之后我还试着学做这种黄金奶，千方百计地寻找它里面那神秘的素材，最后发现它原来是小豆蔻！

◆

我模仿巴尔多纳咖啡馆自创的黄金奶

往锅里倒一杯椰子奶，加一咖啡勺蜂蜜、一咖啡勺小豆蔻、一咖啡勺姜黄、稍微少于一咖啡勺的生姜末和等量的肉桂粉，用中火煮，边煮边搅拌。等到开始冒气的时候就可以了！

◆

如何愉快地排毒

– 多吃水果蔬菜，补充维生素，有规律地喝果蔬汁。

◆

– 时不时地试着放弃吃快餐的欲望。

◆

– 家里储存大量的水果蔬菜，最好是从农贸集市上买来的。

◆

– 优先选择新鲜的、本地的、有机认证的、符合时令的和中间环节少的产品。

◆

– 把蔬菜放在饮食的主导地位。改变过去以蛋白质为核心的饮食习惯，哪怕是去餐馆吃饭，或者是在家里接待客人时。不过请勇敢地尝试全天早餐，尽管它的主要材料是鸡蛋。

- 对食物质量的要求请高一些。优先选择那些家庭作坊里的面包、奶酪、果酱、巧克力、咖啡、茶……储存食物时坚持少而精的理念。

- 多读一些主厨们写的美食心得和书籍。

- 采用多种小盘食物的饮食方式，并且抓住和大家一起分享美食的机会。

- 尝试街头的各种小吃。

- 给自己一个开心的机会，去酒吧咖啡馆喝一杯自己在家永远不会做的正宗咖啡或者茶饮。

- 学会欣赏美食，乐于品尝美食。积极参与各种社交活动，把自己的美食照片放在社交网站上和大家一起分享。

第 四 章

做真实的自己

加州女孩，酷女王

"注意衣着"，人们在洛杉矶一些餐馆的网站上预订席位时会读到这样的要求。欧洲人读到这个马上会想到男士们的西装或者燕尾服，女士们的长裙礼服、高跟鞋。实际上完全不是这么一回事。除非是奥斯卡颁奖典礼，否则"注意衣着"这一要求只是告诉大家要穿长裤（不能穿短裤）和衬衣（别打赤膊），也别穿人字拖鞋，要穿封闭款式的鞋。在加州这样一个人人穿着都以休闲自在至上的地方，大家很难再对顾客有更多的要求。要知道在周六，不少人是在海滩上待了一整天后直接去外面吃晚餐的。

这个历史上一贯反主流文化的堡垒，对时装是有抵触情绪的。长期以来，已经有不少的时装潮流入侵过他们——20世纪，从60年代的沙滩文化装，到70年代嬉皮士的和平与爱以及他们热衷的少数民族服饰，再后来是盖璞的牛仔和T恤衫，然后到90年代的极简主义风格，再到现代的帕里斯·希尔顿时代和橘滋（Juicy Couture）的天鹅绒紧身衣。不过加州人不会被时装潮流牵着鼻子走！洛杉矶的确有一个时装周，但是那里没有一个世界知名的品牌定期参与。洛杉矶的时装周完全没有纽约的时装周盛大，纽约时装周的组织混乱也是一大"传奇"，媒体对此的关注度甚至超过了对时装周本身所展示时装的关注。

但与此同时，加州其实也是一个有名的时尚王国。连我这个本来对时装一点都不感兴趣的人也开始收集一些品牌时装。

加州明亮的光线、迷人的沙漠风光、街头巷尾四处可见的壁画，以及那不同特色的建筑，都吸引了大批来自包括法国在内的世界各大期刊的摄影师。我们在街头经常会碰到一位刚刚出道的或者已经很专业的模特，他们身上透着一股与生俱来的天赋和神韵。来自东欧国家的超模垄断各大媒体的状况持续多年后，今天的加州街道上有了新的风景线。那些在好莱坞影星或超模的阴影下成长起来的一代如今成了各大媒体竞相追逐的目标。每年夏天，许多大牌都会推出一个灵感来自"西海岸精神"的系列，这类产品主打牛仔短裤和印有棕榈树图案的T恤衫。还有不少国际品牌，诸如法国的圣罗兰、迪奥，美国的汤姆·福特（Tom Ford）、汤米·希尔费格（Tommy Hilfiger）都来当地寻觅模特，或者寻求加州人特有的酷感，然后他们把这种超酷的感觉融入到时装设计中，由此把他们的时装表演提升到新的水平，让大众媒体惊叹不已。

为了能更深刻地感受加州的这种风格，除了实地参观考察，有些品牌直接在当地开设了创意工作室。昔日有著名设计师艾迪·斯理曼（Hedi Slimane）的圣罗兰工作室，今天有瑞典巨头H&M的"另外的故事"（& Other Stories）工作室。H&M在洛杉矶的这间工作室是它在全球开设的第三家，另外两家分别在哥本哈根和巴黎。他们旨在让自己的团队汲取异域风格，在自然放松的状态下亲身体验当地生活，在独一无二的美丽风光中充分发挥他们的想象力，洞察特殊群体的生活方式和艺术，如饥似渴般地在不停地翻滚涌动的文化潮流中获取更多的灵感。在当地，各种吸引人的文化中心层出不穷，比如风格独特的时尚店、艺术

洛杉矶的服装行业

第二大市场

2

美国服装行业排行榜中洛杉矶位居第二，仅在纽约之后

99 000

服装企业员工人数（包括成衣产业、纺织品产业和批发销售业务）

加利福尼亚州美国时装设计师人数 5 750

其中有4 130名集中在洛杉矶

旧金山

盖璞集团总部所在地，该集团旗下品牌有：盖璞、香蕉共和国（Banana Republic）、老海军（Old Navy）

洛杉矶服装设计高等学院的简称FIDM

F 时尚（Fashion）

I 学院（Institute）

D 设计（Design）

M 商业组合的理念（Merchandising）

198 000

数字是为期两周的科切拉音乐节的周末门票在短短几小时内的销量

画廊、设计博览会、个人演唱会、音乐会……这些都体现了加州人那自由的、阳光的和富有艺术性的思维模式，这种精神面貌在一年一度的科切拉音乐节中更是被表现得淋漓尽致，让世人感受到了当地文化的精华。

由于和生活方式紧密相连，洛杉矶和它周边地区的着装审美的确是个非常吸引人的话题——着装要保证休闲并适合日常。就我个人而言，我得承认，除了这些，我也是因为更实际的原因，工作的需要和对双语环境的需求才来到了加州，落脚洛杉矶。不过，其实也不一定非得拿着签证坐上飞机来本地才能感受加州人的风格。Racked[1] 网站上有一篇题为《加州风格的神话与魔力》（*The Myth and Magic of California Style*）的文章，作者曾经在西海岸生活过几年，然后跟随家人搬到了东海岸居住。他在文中明确地指出：过加州式生活的最简单的方法，是把它的生活理念背在自己的身上。

迷人的加州女孩

"加州女孩是神秘的"，海滩男孩乐队在歌里这么唱道。他们通过歌声赞美加州女孩古铜色的肌肤，并且宣称走遍了全世界，看尽了世界各地不同的美丽女孩，但每次总是要匆匆地赶回加州，因为他们最终还是觉得加州女孩是"世界上最漂亮的女孩"，这是怎样的一种赞美啊！加州女孩很神秘，这是真的吗？

巴黎女孩如果穿上紧身牛仔裤、皮靴和风衣，会给人一点摇滚、一点民谣的感觉，同时又很别致高雅。而继承了20世纪60年代的摇摆英伦风的伦敦女孩，她们如果穿上迷你短裙和奇装异服，则会体现出她们那

---

1 Racked是国外一家致力于解读时尚趋势的网站。

带有情趣的创意和毫无拘束的随意风格。米兰女孩的创意更讲究技巧，她们会在展现魅力方面下功夫，使用各种毛皮装饰。事实上，世界各地的女孩每时每刻都会给人一种特有的印象，不同的身材、风格及各种搭配装饰物等。不言而喻，这种印象之纷繁远远不是人们脑海里那有限的几个形容词可以囊括的。每一个巴黎女孩，每一个伦敦女孩，每一个米兰女孩都懂得用自己的方式尽情地展现自己的个性。

加州女孩也同样如此。在加州，随处可见各种风格的加州女孩。海滩上的她们一身牛仔短裤搭配宽松的T恤衫，脚穿球鞋，两条古铜色的细长腿，经常把双脚埋进沙子里，任凭头发被海风吹起，浑身散发着性感却又浑然不觉。马路上的她们则一袭碎花雪纺连衣裙，手腕和脖子上戴着各种护身符类的装饰品，身上有时还插着羽毛或其他迷人的东西，浑身透着一股难以形容的雅致，但永远是一副浑然不觉无忧无虑的神态。一身如此简单的装扮，看不出任何的不适，也没有丝毫的别扭，看不到什么过于精心的打扮，身上的衣服陈旧得像被几代人穿过，佩戴的各种饰物也好像是随便重叠地放在一起。

无论是否在健身房里锻炼过，也无论是否在太阳底下沐浴过，她们单纯地、自然大方地呈现自己，没有丝毫的扭捏做作，无视那些被风吹起的衣服。她们的口号是舒适、休闲，加上一点儿慵懒。美国人用laid back形容她们，也就是我们说的随和，轻松坦然。

人们之所以这样形容加州女孩，是因为这个概念体现出自由、安全，以及无视他人眼光的满不在乎。这再加上某种积极乐观的心态，让加州女孩更加地迷人。这同时也说明了一个人的生活态度及方式和他的外在装扮一样重要。

　　我们可以得出这样的结论，不论你所在之地是否阳光灿烂，是否阴雨连绵，哪怕没有一粒细沙的海滩，只要你有这种心态，一样可以感觉到美好！

加州女孩的必备品

◆ 一条牛仔短裤，越短越好。

◆ 一件宽松的T恤衫，千万不要小了三个尺码，也不要贴身，更不要有弹性。可以是男朋友身上扒下来的，或者是在音乐会结束后的现场买的，抑或是集贸市场上买的，随便哪里买的都行。T恤可以是纯色，如果买的时候颜色鲜艳，水洗几次后有褪色的效果也可以（黄色、紫色等），还可以是印有文字或乐队图案的白色和黑色。

◆ 宽松T恤替换装：一款超短T恤衫，可以露一点腹肌或全部肚皮。这种T恤一般呈方形，为的是给人一种视觉上的错觉。你可以在家里把一件普通的T恤衫或者套头卫衣直接用剪刀减去一部分，底部自然地留住，不要缝边。据说这样更显酷。

◆ 还有一种穿搭，吊带背心，有那种内衣外穿的感觉，或者穿一件长袖休闲罩衫。

◆ 脚穿球鞋或者人字拖。人字拖在10年前非常流行，但近几年渐渐被各种运动休闲鞋取代，比如范斯（Vans）的无带球鞋、匡威（Converse）、科迪斯（Keds），或者阿迪达斯旗下的签名运动鞋，斯坦·史密斯（Stan Smith）明星系列（Superstar）城市休闲运动鞋。

◆ 一件碎花雪纺连衣长裙，裙子要长，宽松并且透气。这种嬉皮士风格的长裙，现在穿最好配上皮靴或者帆布鞋。

◆ 要不然，一条碎花雪纺超短裙，长度刚好盖过臀部。

◆ 一件牛仔外套，不要那种崭新的，一定要水洗过、穿过的，最好边都穿磨损了的，让人一眼看得出是旧的。

◆ 或者一件针织毛衣开衫外套，很长很长的那种，颜色要淡雅，最好是自然色，米色、褐色，或者棕色。

◆ 流苏飘带，这是民间艺术的特色，哪里都可以有它的位置：汗衫、罩衣、手提包、靴子等都可以有流苏点缀。

◆ 尽量颜色单一，可以是白色以及其他本色，或者裸色。也可以有亮色，但只局限在某一个细节点缀上，不能全身都是亮色，同时避免全黑色，太黑的话就没有加州女孩的味道了。

◆ 一顶帽子。遮阳的同时，帽子也能完美修饰一个人的整体形象。一顶黑色宽边女毡帽，让人看起来优雅又神秘；或者一顶男士帽，比如绅士帽、费多拉帽或者巴拿马帽，毛毡制作或草杆编织，实用方便，同时有个性；喜欢运动型的则可以选择鸭舌帽。

◆ 太阳眼镜，最好是黑色镜片的，雷朋（Ray-Ban）的飞行员（Aviator）系列是海滩上见到的最多的款式。

◆ 没有什么特别的价值的、种类繁多的装饰性首饰，海滩小店里卖的那种即可。各种编织手链、珠子项链、羽毛或海螺做的装饰物。

◆ 最重要的是你的神态气质，让你的一举一动显得轻巧又给人以感官的享受。保持安详的神态、大方的举止，嘴角永远带着微笑，随时准备着和他人亲切地打招呼。表现出对节日气氛和聚会热闹的喜爱，喜欢跳舞，喜欢奔向大海。让自己给人一种安全感，没有丝毫的嚣张跋扈。

科切拉音乐节万岁！

加州女孩这种特有的风范在当地一年四季都可以感受到，加州印第奥市每年4月举行的科切拉音乐节更是让她们的风范在世界各大媒体的传播下竞相绽放。

科切拉音乐节之所以壮观，是因为它那众多的追随者，那些来自加州各地的时尚女孩（it girls），她们其中很多是媒体狗仔队追逐的对象。音乐节期间，人们四处可见这些时尚女孩。她们在现场听音乐会，在草坪上打情骂俏，聚集在一起吃喝、嬉闹、欢呼。三天的音乐节期间，她们极力展现加利女孩的特有气质。不仅如此，她们还会在平日的基础上把这种气质展现得更加淋漓尽致，达到更加吸引人眼球的效果。

也就是说，要展现自我，要表现得与众不同，吸引他人的注意，吸引更多的媒体灯光。T恤衫要有破洞，这些破洞必须是某个名设计师设计出来的（而不是因为被洗衣机长期洗破的），复古长裙必须是来自某个大品牌的最新系列（而不是从外婆的衣箱里翻出来的），还要让背地里的精心打扮看起来像是临时即兴的创意。

虽然说媒体对加州科切拉音乐节的宣传过于火热，但是谁也不能否认这个音乐节的热烈。它的确是一个文化艺术的源泉，给许多人带来了艺术灵感。

加利女孩，更加利一些！

在洛杉矶住下来后，你会很快适应加州女孩的这种风格，哪怕过去许多年你都习惯了穿蓝色牛仔裤或者是那种有肩垫的正装。尽管加州也不是如传说中的那样天天艳阳高照，尽管它也有让人沮丧伤感的阴天，也有雾蒙蒙的天气，也有寒冷的时候，甚至一样会有凄风苦雨，尤其是夜晚。不过，阳光灿烂的日子还是占多数的，这样的日子能够让大家爱上这种具有吸引力的加州风格。想想看，身穿短裤、人字拖，有没有一种度假的感觉？哪怕背后其实还有一大堆的工作等着你去做。这种感觉也会帮助人们保持积极乐观的心态。而正是这种让人不可思议的理由，这种跟着感觉走的随意风格，会让你说出"生活就是如此"。

然而，这种对加州女孩的美化其实是很片面的。诚然，这是她们的主要写照，但不全面。别的不说，仅仅"一种风格适用于所有的女孩或者所有女孩都是同一种风格"这一现象在洛杉矶基本就不存在。每一个街区的女孩都有自己独特的风格，而且不同海滩的女孩风格也都不尽相同——马利布海滩的女孩和圣莫尼卡海滩的女孩是不一样的。前者受嬉皮士文化的影响，常常身着一袭色彩艳丽、带有摩洛哥风味的拖地长裙；后者则经常穿一身运动装，下装是短裤或者紧身弹力裤，上身泳装，脚上一双运动鞋。而威尼斯海滩的女孩则常穿一身城市休闲装（有破洞的牛仔裤、复古的T恤衫、军装式夹克），常常一手扶着自行车，一手拿着一杯拿铁咖啡，准备去阿博特·金尼大道。阿博特·金尼大道两边都是时尚化妆品商店，出售有机面料服饰的服装店和环保的时尚橱窗，这条大街被人们描述成世界上最酷的大动脉。如果我们进入市中心的商业区，会发现这里的女孩有别于其他区域的女孩。市中心的金融商业区到处都是钢筋混凝土建筑和让人晕眩的高耸入云的摩天高楼，这种组合让人联想到巴黎的几个街区：十区的勒桑捷区（批发商业街区）、十一区的奥伯坎普天街区（夜生活和酒吧区）、三区的马莱区（时尚前沿街区），还有拉德芳斯区（金融商业办公区）。这些区域因为高楼太多，许多地方太阳照射不进来，气温总是要低那么两三摄氏度，这里的女性通常会身着紧身式或者男款牛仔外套，T恤衫外面套一件时髦的伐木工人式的衬衫，设计看似简约实则复杂。或者一身黑牛仔女装，脚蹬一双男性味十足的皮靴或者一双取代运动鞋的勃肯凉鞋。她们的风格显得更有头脑和艺术气息，和主流风格完全背道而驰。

我所在的东部的银湖区不久前还是个有黑客出没的地方，如今却变成了时尚人士的天堂。我喜欢坐在日落大道（Sunset Boulevard）上的咖啡馆露天台上看着过往行人的千姿百态。在他们那身简易又很有效果的T恤牛仔裤上，依然可以看出20世纪90年代时尚摄影师彼得·林德伯格（Peter Lindbergh）作品里的美式生活风格，不同的是今天的潮流中多了一股法国旋风——海军条纹衫，刘海和深红色的口红。

@rumineely

她的博客Fashion Toast是博客开始风行时最成功的之一。她现在更多在instagram上和大家互动，分享她明媚阳光下的永远的加州风格——超短裤和迷人的上装。

其他人气加州女孩

风格之歌

Aimee Song是一名超级博客网红，她在instagram上拥有超过430万名粉丝。她常常受邀参加各大时尚周的活动，难得有时间在洛杉矶自己的家中。她擅长的是让成熟女性把超短的迷你裙穿得和小女孩一样漂亮迷人。

◆

忠实的朱莉

Julie Sarinana在instagram上拥有约450万名粉丝，她同样是一个超级大忙人。她教授女性如何混搭服饰，穿出有特色的、男性化的休闲时装。

◆

金发沙拉

Chiara Ferragni是一个居住在洛杉矶的意大利女孩，也是一个时尚博主。她在大西洋两岸的知名度都很高。这得归功于她把意大利的高雅和美洲的休闲酷风格成功地结合在一起。

◆

简约线条

这位居住在帕萨迪纳，名叫Brittany的女孩有很大的社会影响力，她用半波西米亚式半都市的风格把牛仔装穿出了最时髦又最实用的味道。

◆

蛋糕和羊绒

复古风格的短裤、低跟皮鞋、中长铅笔裙、贴身套头衫，Emily Schuman用这样的穿衣风格教大家如何在棕榈树下展现女性魅力。

如此看来，洛杉矶不同区域的不同风格的女孩，她们身上的共同点又是什么呢？是有个性、自由、有创意。她们只受潮流的影响，不受他人的眼光和社会的评判的约束。人们欣赏她们那独一无二的气质，并且高声赞美她们身上那些与众不同的细节（读过前面章节的读者会懂的）。在公认的加州风格之外，每个女孩身上总有一些属于个人的东西。有的喜欢连衣裤，有的喜欢和服式外套，多种多样，但都是休闲的、自然的、简单的风格。她们的装扮给人的感觉是那么随性，好像是晨起时即兴而作的简单的搭配，让人丝毫看不出经过精心挑选和准备，从没有一点过多的考虑，一切好像与生俱来。对一位法国女性来说，要想像加州女孩一样随意地穿着打扮，的确不是一件容易的事。

这是一种完全靠自身灵感，又不着痕迹的艺术。要学会这些，首先要学会放弃，最好忘掉那些成年人潜意识中的各种顾虑——这样不行、那样也不好的条条框框。试着背一个优雅的小包，或者打破固有常规的方式，采用同一色调的色彩搭配，不要把对比太强烈的图案和色彩混合在一起，尽量把廉价和昂贵的元素适当地结合起来。还有许多此类的技巧，连我也开始琢磨并且领悟到了不少的东西。事实上，我甚至还写过不少的心得和大家分享！

银幕上的加利女孩

莎拉·杰西卡·帕克（Sarah Jessica Parker）

影片《洛杉矶故事》（*L.A. Story*，1991年上映）

影片中的女主角在一家服装店里工作，同时一心想当一名模特。她住在威尼斯海滩，性格活跃，总是让大家叫她SanDeE＊（注意这个称呼的写法，一定不要写错了，包括右上角的那颗小星星）。总之她有点疯狂，但的确是个可爱的女孩。

艾丽西亚·希尔维斯通（Alicia Silver tone）
影片《独领风骚》（*Clueless*，1995年上映）

她的标志性超短裙，和比裙子长不了多少的各种思维——这就是她，这个来自贝弗利山庄的女孩，早在20世纪90年代时她就已经是大家的偶像。她和编剧一样无拘无束地从简·奥斯汀（Jane Austen）的原版小说里汲取灵感，影片中的她是那么不可抗拒，具有无穷的魅力和迷人的气质。她和这部爱情喜剧一起成为洛杉矶的经典代名词。

菲比·凯茨（Phoebe Cates）
影片《开放的美国学府》（*Fast Times at Ridgemont High*，1982年上映）

早在出演影片《马利布》之前，菲比·凯茨已经是成千上万青少年的偶像了。她穿着红色泳衣从泳池里出来的画面迷倒了无数的观众，的确迷人！

黛博拉·福尔曼（Deborah Foreman）
《山谷女孩》（*Valley Girl*，于1983年上映）

山谷女孩十分落伍、简朴，因为她生活在"山谷"社区，一个会被那些穿着高级品牌服饰或棒球T恤衫的有钱男女鄙视嘲笑的社区，社区里那些所谓的坏男孩遭到的嘲笑尤甚。所幸的是，山谷女孩身上沉睡的加利女孩的迷人灵气被山谷社区的坏男孩之一（尼古拉斯·凯奇饰演）给唤醒和激发出来。

艾玛·斯通（Emma Stone）

《爱乐之城》（*La La Land*，2016 年上映）

影片中的她在一家电影工作室里负责给大家送咖啡，总梦想着有一天也成为一名明星，并且爱上了一个满怀激情的爵士乐手。谁能说观众们没有爱上这个穿着漂亮裙子又有些淘气，把自我受到的伤害转化为动力的女孩呢？

佐伊·丹斯切尔（Zooey Deschanel）

《和莎莫的500天》（*500 Days of Summer*，2009年上映）

莎莫（Summer），影片中这个来自西海岸的有点被娇惯但很灿烂的女孩喜欢旧黑胶唱片，她的风格有着浓郁的复古气息。

海瑟·格拉汉姆（Heather Graham）

《羁夜》（*Boogie Nights*，1997年上映）

一位以笔名"轮滑女孩"（Rollergirl）代言20世纪70年代的色情行业的女孩，她是那么可爱，以至于人们更愿意赋予她"乖乖上帝"的称号，甚至想要她给大家上玩滑板课。

茱莉亚·罗伯茨（Julia Roberts）

《漂亮女人》（*Pretty Woman*，1990年上映）

说起迷人的标准身高的加利女孩，非茱莉亚·罗伯茨莫属，片中因为她没有穿工作服而冷落她的那家商店依旧在营业，它就是贝弗利山庄的布利米其（Boulmiche）商店。

艾玛·沃特森（Emma Watson）

《珠光宝气》（*The Bling Ring*，2013年上映）

这是导演索菲亚·科波拉（Sofia Coppola）根据一个真实的故事改编并执导的一部电影。女主角是一个十几岁的小女孩，却穿得像个亿万富翁，她们一群女孩组成了一个盗窃团伙，闯入洛杉矶各大明星家里（包括帕丽斯·希尔顿）窃取他们的奢侈衣服和首饰。

从加利女孩到卡拉女孩

还有一类加州女孩，至此为止我还没有在本书里谈到她们。而她们并非毫不起眼，容易被人忽视。我在本书的前面章节里已经提到过，洛杉矶每一个城区都有着自己的特色和衣着潮流。估计你已经预测到了这一点：在看过，欣赏过，羡慕过，也模仿过加州的各种沙滩风格后，现在我们该来看看加州另一个地区的特色，那就是举世闻名的贝弗利山庄。是的，贝弗利山庄，以及它的电视真人秀节目《贝弗利娇妻》（*Real Housewives*）。这档节目把贝弗利山庄的贵妇们推到了台前，淋漓尽致地展示了她们那过于精致的、无可挑剔的发型，紧绷的肌肤，以及整容术带来的鼓嘟的嘴唇和高耸的胸脯，还有那裹在贴身裙子里的身躯，永远低胸开口的衣服，颜色鲜艳还带着各种金光闪闪的装饰，以及踮在高跟鞋上的形象。总之，一切都和前面描述的加州女孩的气质和风格完全相反。虽然说电视上看到的这种形象实在有些夸张，但是的确可以在罗迪欧大道（Rodeo Drive）和贝弗利大街上看到类似的形象。这两条街道两边都是奢侈品牌店，走在这两条街道上的人手里都拎着大包小包，他们不是在奔赴某个餐厅准备午餐，就是在踏进旁边一家高级的修甲店准备好好享受一番。

　　就在不久前，一个哪怕稍微有那么一点点酷味道的女孩都不会想在pinterest[1]网站上分享自己在贝弗利大街上拍摄的照片。不过这种情形随着一批新的时尚偶像的出现改变了。过去那些场场晚会派对、次次出行购物都被媒体狗仔队追逐的时尚明星，比如帕丽斯·希尔顿（Paris Hilton）、林赛·罗韩（Lindsay Lohan）和布兰妮·斯皮尔斯（Britney Spears），如今都已经光辉不再，金·卡戴珊（Kim Kardashian）的出现让善于社交的女性和时尚的女性又重现光彩。其实卡戴珊，包括其家族的其他成员并不住在贝弗利山庄，而是住在另一座叫作隐山（Hidden Hills）的城市，但这并不重要，重要的是他们身上透着一股贝弗利山庄精神。还有卡戴珊的妹妹肯达尔·詹娜，她和她的两位好友，原名为吉吉和贝拉的哈迪德（Hadid）姐妹俩，一起把时尚元素画在了贝弗利山庄的街区上。她的这两个闺密都是有着魔鬼身材的名模，在社交网站上都很活跃，这使得她们的模特事业更加辉煌。从此，贝弗利山庄的女孩在她们的带动下，风貌从"加利女孩"转变为了"卡拉女孩"。卡拉这个称呼来自卡拉巴萨斯（Calabasas），一个背靠圣莫尼卡山脉的洛杉矶小镇，小镇风光优美，绿树环绕，处处是迷宫般的街道和豪华得无法形容的私家别墅，近几年这里成了社会各界重量级人物和明星们的聚集地。卡戴珊家族把家都安在了这里，包括卡戴珊本人和她的先生坎耶·维斯特。坎耶出于对当地风格的喜爱和推崇，设计了"椰子"（Yeezy）品牌运动装，其创意灵感就来自卡拉巴萨斯。椰子运动装以宽松超大号的运动衫、侧面带条纹的紧身运动裤、白色运动鞋为主。因为当地生活方式的特色就是运动休闲，同时混合着嘻哈文化的

---

1 pinterest，一个图片社交分享网站。

元素和随处可见的大引擎摩托的风采。从外表来看，如果说贝弗利山庄的生活方式像一场舞台喜剧，那么，卡拉巴萨斯的生活方式则像一部说唱影视片。

简而言之，这些浑身透着一股现代气息的、生活于21世纪互联网时代的新时尚女性用她们自然而休闲的风格重新塑造了现代女性的公众形象。她们既不宣扬上一代母亲们的生活方式，也不吹捧在她们之前的明星们的放肆姿态。她们展现的是一种积极努力的、健康的加利福尼亚风格。为了保持健美的体形，她们会在健身房里锻炼几个小时，会间歇性地切断所有的手机、电脑、平板的网络连接。人们在照片里看到的她们通常手里拿着的都是一杯果汁而不是一块用纸杯装着的蛋糕，这一切都让世人更容易接受她们。

她们以闪电般的速度成了新的潮流先锋，并且将潮流通过社交网站传播到其他的互联网网站上。不过，说是新的审美理念，其实就是在20世纪90年代的理念基础上的一个新的翻版——她们的服饰依旧是那个时候的运动装，还是当时的品牌，比如卡尔文·克莱恩（Calvin Klein）、汤米·希尔费格（Tommy Hilfiger），包括过去最基本的紧身运动裤、鸭舌帽和运动球鞋，不同的是多了几分现代的运动休闲感，显得更酷。大家还会看到一些富有拉丁感的乔拉（Chola）风格，它塑造出一种略带狂野装扮的坏女孩形象。除此以外，大家在她们身上也会看到本世纪初那些带亮片的、金光闪闪的流行服饰。她们在这些服饰的基础上大量融合了现代潮流设计师的灵感和创意，没有任何东西给人海滩、太阳和波西米亚的联想。这些女孩的衣橱趣味十足，换件衬衣就好像换了一种风格，她们成功地尝试穿出所有可能的混搭，同时又尽力保持自己的风格，从来没有一点矫揉造作，她们的细腻品味给众多的娱乐媒体和时尚达人提供了大量的笔墨素材。

短时间内我们能在卡拉女孩身上学到的东西

◆ 全天都穿着酷感十足的运动休闲服——紧身短上衣、露脐装。有的上衣很贴身，几乎和做运动时穿的半截紧身上衣一样。还有一种内衣，没有钢圈和胸垫，介于普通胸衣和短上衣之间，集运动休闲和时髦元素于一体，很适合和皮夹克混搭内穿。

◆ 紧身打底裤外穿，取代牛仔裤。这是运动休闲风格的基础装扮，这种紧身裤还可以选择皮质的。

◆ 把牛仔裤穿出气派来。裤子的颜色要有水洗感或者是黑色，千万不要穿基本的蓝色，要有破洞，并且高腰，布料柔和，要和明星款一样——紧贴肚皮和臀部，紧包大腿，裤腿长至脚踝。裤型可以是瘦腿型，也可以是直筒型，或者是宽大的男友式，又或是妈妈式高腰牛仔裤，甚至是小喇叭牛仔裤。记住，过去10年里流行的那种紧身低腰牛仔裤，现在可以放进衣柜底部珍藏起来了。

◆ 做一名粗棉布的忠实粉丝，拥有一条牛仔超短裙，裙摆四周用剪刀剪得参差不齐。

◆ 把迷你裙穿出韵味来，那种不对称裙褶短裙或者其他款型都可以。配上女性味十足的上衣或者其他装饰，把它穿出长至膝盖或者小腿，甚至脚踝的弹性直筒裙的韵味。

◆ 尝试传统街头服饰，比如牛仔外套、皮夹克，或者直接来一件从男士衣帽间里"借"来的飞行员夹克。

◆ 不过，要知道对超模来说，时尚远远不局限于舒适的休闲装，所以可以大胆地尝试意想不到的创新搭配，以错落有致的方式来打造自己的风格。比如一条面料超级柔软舒适的西裤、不同寻常的粉底霜、一条透明钩针编织裙，搭配一双网球鞋。

◆ 拒绝大印花图案，但同时对色彩要有坚定不移的认可。肯达尔·詹娜从来不在意她整体造型的色调是橄榄绿还是自然的米色，而贝拉·哈迪特则喜欢哥特式的黑色和奇特的红色。

◆ 鞋可以自由选择，各式各样的都可以：平跟鞋（包括运动鞋、轻便皮鞋、马丁皮靴）、半高跟鞋（比如短帮靴子）或超高跟或超长筒的鞋（比如细高跟鞋，长统皮靴）。鞋子的搭配一方面要看心情，另一方面要看平衡。看看那些时尚专业人士熟练的搭配方式：运动型搭配亮片点缀、街市行头搭配传统风格、男女服饰混搭的中性色彩。大众风格里带着某种奇异的感觉，当然，最重要的一点，还是他们那永远的悠闲放松风格，这一点既和裙子的长短无关，也和鞋跟的高低无关。

◆ 背一个双肩包，或者优雅的淑女包。可以把两个完全不同风格的背包轮流搭配使用：今天中性打扮，活泼可爱，明天则淑女气质十足，更多的时候还可以兼并搭配，既有特色又很方便。

◆ 晚上出去参加晚会的话，最好遵循典型的美国社交规则，把白天那一身悠闲自在的酷装扮全部换成出席活动的晚礼服，即超短裙、超低领口、十分显身材的贴身衣服、高开衩的侧缝裙，还可以在各种细节上做文章，比如适当的透明度、亮晶晶的装饰、金属质感的搭配饰物、光滑细腻的装饰品等。晚会上，这些从小就习惯了走红毯的女孩真的是什么装扮都能想出来，并且会毫无拘束地尽情展现（要知道，女孩子们就是想要开心啊）。

◆ 和那些真正的网络红人一样——比如@kendalljenner、@gigihadidet、@bellahadid·Kendalljenner——经常在instagram上和大家互动，和大家分享一切可以分享的东西——你的各种造型、你的心情、你的朋友圈动态，还有工作，甚至你的人生追求。

kendalljenner

**8 000万
粉丝**

她的instagram 有 8 000万粉丝，是加利福尼亚当今最红的超模。就在我写
这些的同时，她的粉丝数量还在不断地增长！

32 ~ 56

她是金·卡戴珊和肯达尔·詹娜
的妹妹，创立了一个名为"美
好"（Good）的牛仔装品牌。
她的梦想是让所有的女性，无
论是什么样的身高和体形，都能
在她的品牌里找到适合自己的款
式，产品尺寸从超小号的32到超
大号的56都有，她的这个创意受
到了社会普遍的好评。

352

**科勒·卡
戴珊**

这是她在新兴女性时尚杂志
《风格》（*In Style*）2017年4月
的那一期里宣称她去年穿牛仔
裤的天数。

加利福尼亚男士

有一点很清楚，加利福尼亚的男士们没有女性这样的好口碑。而且相反，这些可怜的家伙还有被贬低的倾向，人们不是说他们演技差就是嘲笑他们的脑袋瓜被太阳晒化了。

有好几次，我正在好莱坞附近的餐厅吃午餐，不经意地抬起头来，就看见我周围出现了一群男士，他们看起来全都一模一样，就像是从某个电视连续剧里直接走出来的一样：一样的英俊，一样的整洁，每个人的形象装扮都把握得极好，都带着同样的迷人的笑容（都心想着万一碰到一位大星探）。与此相对的另一极端是这样的：许多新型创业公司的创始人说他们的投资者经常穿着连帽衫，趿着游泳池里穿的拖鞋来和他们约谈工作。

不过，那种真正有个人特色同时带着几分冒险精神的风格还是存在的。当然（事实总是如此），这种风格只有在那些时尚社区里才能看到：这个时候，你会看到一个真正的英俊男孩，他身着外套、衬衣，打着领带，下身一条齐膝的百慕大短裤，漫步在威尼斯海滩；或者穿着一双休闲皮鞋，身着黑色T恤和黑色皮衣外套，黑色牛仔裤裤腿卷起，正在走向市中心的酒店；也可能穿着紧身运动裤、汗衫、飞行员式夹克，脚踏一双白色运动鞋，正准备开车去卡拉巴萨斯。

尽管大家都说可爱的洛杉矶人有一副很酷的形象和姿态，但这和他们注重个性并不矛盾。这些男士一样喜欢逛街购物，他们是受到街头各种时尚品牌专卖店特别青睐的客户群体。虽然昔日反潮流先锋们的"遗迹"依旧四处可见，尽管T恤、格子衬衫和紧身牛仔裤这样的一身行头依然在街头盛行，但是新潮流不断地在涌现，每天都会有许多新的时尚创意设计被展现出来。

典型的加利男孩风格

◆ 既不担心也不拒绝任何独特的创新风格。简而言之，他们避免穿那种四处皆宜的便服，尽量让自己显得和普通大众不同，不会轻易说"哦，这件衣服我已经穿了很多年了"或者"我随便穿了件外套就出门了"。为了与众不同，为了在人群中脱颖而出，他们总是有意识地让自己浑身充满魅力，以便更好地吸引他人的注意。

◆ 他们身上总有那么一点看起来多余的东西，昔日可可·香奈儿小姐曾经告诫女士们说，出门之前，把你身上那点额外的饰物先取下来。而在今天，恰恰是这些看似多余的一点东西形成了加州男孩自己的独特风格，比如系在腰间的一件毛衣或衬衣，肩膀上随意搭着的外套，一条围巾，一顶宽檐草帽或烟囱软帽，当然，还有首饰。看起来好像没有什么用，但正是这些无大用的随身搭配为他们的形象增添了色彩，让他们感觉自己是如此与众不同。

◆ 还有，有一件东西是不可或缺的：太阳镜。最常见的是雷朋的白框徒步旅行者款，也可以是高级品牌舒康美的，或者意大利时尚眼镜品牌"超级未来的复古"的。

◆ 如果风格比较随意，大众化，他们则会一身运动休闲装。无论什么季节，他们的行头都会是一件连帽衫、外套，外加一件飞行员式夹克、紧身长裤，或者T恤衫加衬衣，再套一件超大号套头运动衫。

◆ 喜欢赶潮流的前沿人士则会选择民族风格的着装，通常有阿米希或西部特色：流苏牛仔外套、大披肩、牛仔衬衫、粗羊毛套头毛衣或开衫毛衣、无袖外套、宽大皮带、宽檐帽，这些装扮搭配时下流行的色彩鲜艳的衬衣，亚麻面料或者泡泡纱棉质外套等很适合。同时，它也符合当下对20世纪90年代中期松松垮垮的油渍摇滚风的怀旧情绪。你不得不承认，加州男孩的确是混搭王国的帝王。

◆ 那些对瘦腿牛仔裤情有独钟的人（他们喜欢把瘦裤腿卷起来），也会在不同的场合下选择布料柔软的直筒牛仔裤或者宽大的有许多破洞的牛仔裤。

◆ 衬衣扣一直扣到顶端。或者不系扣子，里面穿件T恤衫。这种形象是为了打破加州人给人的那永远单一的、光着膀子的泳装形象。

◆ 他不会在纯粹的男子汉气概方面下过多的功夫，点到为止。他不拒绝粉色、自然裸色，更不拒绝一袭白衣。

◆ 他从不穿袜子。

◆ 他喜欢展现自己！他是不可能窝在家里或者坐在车里把他迷人的风度藏起来的。他会去咖啡店来一杯拿铁咖啡，会带着电脑去餐馆和咖啡馆的露台工作、约会，总之，他会出门展现自我。

看看他们的图片

@Stay Classic

这名博主过去是一位滑板爱好者，同时也是金属/朋克乐队的成员，如今变成了休闲优雅的加州风格的象征。

@gregorydava

这个博主身上透着一股与生俱来的高雅脱俗的灵气。他很会选择并搭配服饰，一些很简单的衣服经过他的精心搭配也能够变得雅致。他那天生的灵气也许让人难以模仿，但是大家完全可以学一学他的搭配方式。

@blakescott_

这位博主很高雅，总是打扮得很特别。他自己编写时尚博文《斯科特效应》（*The Scott Effect*）。每天都打造出一副电视剧《广告狂人》（*Mad Men*）里面的形象，哪怕是骑在摩托上。

优质加利

　　加州的风格就像加州美食一样，不仅仅像大家表面上看到的那样简单。美食的背后还有很多其他相关联的东西，比如本土农产品、有机食品、时令果蔬。加州人表现出的更是一种对大自然生态环境的真实承诺，一种希望世界更加美好的情怀。他们的消费理念有多种内涵，如保护大自然的生态系统，减少对空气和土壤的污染，减少对大自然本身造成伤害，这些理念充分地体现出他们对当前及未来的大自然和人类生存环境的忧虑。加州人的着装风格的背后也有着同样的理念，这体现在他们对服饰的选择上。他们在选择品牌时会考虑到很多因素，比如衣服的制作流程、布料质地以及布料的来源，商家的进货渠道、物价透明度，工厂工人的待遇等，就算是买一把红萝卜他们也会用同样的思维方式，这体现了一个社会群体最基本的良知，体现了他们对生态环境的重视。有道德良知的可持续发展是现代社会的趋势，无论是洛杉矶的各级工厂还是硅谷的众多高科技集团，各种专业品牌和新型创业公司都在朝着这个方向发展。当年也正是基于这样的环保理念，出于对环境的保护，美国服饰旗舰店AA（American Apparel）在洛杉矶开业。加州人对它更是热爱有加，直到2017年它出现了财务危机而不得不关闭所有的连锁店，几乎宣布破产。如今，当人们经过它在市中心的那些巨大的工厂门，面对着这一昔日加州人的骄傲、乌托邦式的辉煌成功的象征时，不免感到几分落寞和伤感。

如同纽约或法国的各大城市一样，加利福尼亚州各大城市的大街小巷里并非都有ZARA或者H&M店。比如在旧金山，就只有一家Zara和三家H&M。本土巨头盖璞或者吉克鲁也不是到处都有连锁店。加州商业街有众多时装店，各自风格不同。洛杉矶很少有那种和城市规模比例相当的大型时尚店，只在市里几条主要的大商业街上才看得到，而那些规模不大的精品店、微型连锁店，还有本土品牌的诸多小店都保持着自己的风格，有各自的特色产品。

詹姆斯·珀斯
在加州有多家店面，其中有
－贝弗利山庄北佳能博士
（North Canon Dr.，Beverly Hills）
－好莱坞高地大道
（Highland Av.，Hollywood）
－圣菲尔莫尔街
（Fillmore St.，San Francisco）
www.jamesperse.com

菲利普·林
洛杉矶市中心东第三街
（East 3rd Street,
Downtown Los Angeles）
www.31philliplim.com

不过，就像全美其他任何一个州的少年一样，加州十几岁的少男少女周末的时候还是喜欢去大型时尚店闲逛。他们和朋友们一起相约去各大商场搜寻时尚品牌，比如阿本·奥特菲特（Urban Outfitters）、永远21（Forever 21），快时尚品牌托普秀（Topshop），健康活泼风格的品牌布朗第·梅尔维尔（Brandy Melville）和国际饰品品牌克莱尔斯（Claire's）。对这些平时总是不得不依靠父母开车接送的孩子来说，这里给他们提供了一个自由的世界。他们的审美意识和对品质的追求也是有一定高度的：衣服并不一定非得是时尚大品牌，但风格却是时下的潮流趋势，或者选一件当下快时尚的替代品。和其他时尚人士一样，他们也会采用混搭各种单品的方式来打造自己的风格。

如何选择一件正宗加利福尼亚风格的服饰

◆ 布料一定要是天然材料（棉布、亚麻、大麻、莱塞尔、竹子、植物皮质）或者有回收价值的面料

◆ 面料的质地要柔软透气，这是选择休闲服的先决条件之一。衣服穿在身上要舒适、没有束缚感人才会自在，才会有酷的味道。加州有一个叫金匠（A.G. Goldschmied）的品牌以制造舒适柔软的牛仔系列而闻名，它旗下的牛仔服所用的布料的舒适程度让人觉得不可思议。除了柔软透气，布料质地也要细腻，因为人们宁可多穿几件衣服出门，也不要一件厚实的大衣。

◆ 还有一点要求更高一些：服装要能够体现道德良知和生态环保的理念。比如衣服布料的生产过程中没有添加有害化学成分，货源来自公平交易市场，处理过程不要对工人有害或污染环境，也不要有来自剥削工厂的产品等。

◆ 如果你买的是洛杉矶产的产品，那当然最好不过！和法国推崇法国制造一样，洛杉矶制造这一标签在当地也很受欢迎，尤其是牛仔服装。街上见得最多的服装品牌大部分都是在本地生产的，比如高档牛仔女装品牌杰夫牛仔（J Brand）、热衷复古风格的卡伦特/艾略特（Current/Elliott）、做工精细剪裁完美的哈德森牛仔（Hudson Jeans）、风格传统复古的人类公民（Citizens of Humanity）、用料独特色泽处理精细的7为全人类（7 For All Mankind）、剪裁贴身的乔牛仔（Joe's Jeans）和高端牛仔品牌真实信仰（True Religion）等。

◆ 衣服价格要适中，不能太便宜或者太贵。一般来说，太便宜的衣服质地也会差，背后的生产条件估计也很糟糕。太贵的话，也不能代表高质量的产品，很多时候价格是被那些营销广告的高费用或者是豪华气派的店面给提上去的，要不就是商家的利润空间太大。

◆ 为了满足顾客对服饰的要求，商家必须要有很高的透明度，并且透明度要贯穿整个商业链，从采购源头一直到最后的成本价格都要透明。在这个领域里做得最好的是旧金山本地的一个品牌，强调价格极度透明化的时尚电商艾非兰纳（Everlane），它因为商业透明而取得了巨大的成功。它的品牌宣传语是"现代基础服饰，彻底透明度"。网站上有很多解说和照片，就像做一个报道一样，他

们公开展示自己在世界各地的所有生产环节和基地（美国的洛杉矶、旧金山，中国东莞，越南胡志明市，英国苏格兰霍伊克，意大利威尼托维琴察省）。每个产品的生产环节都有详细的图解及制造成本展示，包括材料、裁剪缝制、运输等，为的是让顾客们心里有个数，大家在买它的产品时至少知道自己的钱都去了哪些地方。

> **克莱尔威 Clare V.**
> 拥有多家店面，其中有银湖西日落大道
> （West Sunset Boulevard，Silver Lake）
> www.clarev.com

◆ 衣服要在正规店里买。或者品牌专卖店，或者卖多种品牌产品的大商店，这些店里的店员懂得给顾客们介绍品牌的生态保护理念和产品制造过程。

◆ 如果不去实体店，也可以网上购买。这种新的销售渠道是那些有生态保护理念品牌的首选，比如艾非兰纳（www.everlane.com）。因为线上销售可以减少产品运营成本，同时商家可以在线上以讲故事的方式给顾客说明产品理念和制造过程。

H&M

3000 m²

H&M在洛杉矶最大的商店的面积为3 000平方米，相比而言，其在纽约的店面有6 000平方米，伦敦市的店面有6 500平方米。

ZARA 六家分店

ZARA在洛杉矶每个著名的街区都有店面：好莱坞、贝弗利山庄、圣莫尼卡、市中心、格伦代尔、帕萨迪纳。

ZARA

詹姆斯·珀斯（ James Perse ）

这个以设计师詹姆斯·珀斯的名字命名的品牌在加州就有21家店面。该品牌的创立属于洛杉矶成功创业的典型：品牌产品用料上乘，质地柔和，设计精致，在很大程度上提升了家居服饰和运动装的底蕴。

LA MODE À

洛杉矶

菲利普·林/罗达特（ PHILLIP LIM/RODARTE ）

2005年，穆里维（Mulleavy ）姐妹俩创立了高级女装成衣及配饰品牌罗达特，这个品牌成为哥特式蕾丝爱好者的心头好。而华裔美籍设计师林能平创立的品牌菲利普林，其风格休闲、舒适、精致。这两个品牌都是洛杉矶本地产品的奢华标志，是众多新兴时尚品牌中的成功典范。

信使包

信使包是时尚品牌克莱尔威卖得最好的一款包的名字，它在银湖区尤其受欢迎。品牌创始人是法国籍的时尚达人克莱尔，银湖区是她起家的地方。这个购物手提包的皮料来自意大利，纯手工染色，染色采用的原材料都是植物成分。

安妮·宾 ANINE BING

安妮·宾在世界各地有8家分店，包括巴黎、伦敦、柏林、马德里、纽约和洛杉矶。它在洛杉矶市中心的店面于2012年开设。该品牌属休闲类，同时又带着一股摇滚风味。其创始人安妮过去是一名模特儿，她在instagram 大力推广其产品，很快受到众多博客的青睐而被传播开来。

www.aninebing.com

复古的瘾君子

现代社会越来越多的人患上焦虑症，自然环境污染也越来越严重，打造一个把保护生态环境和爱护人类健康两者结合起来的商业模式，并用它来引领全世界是当今加州人的梦想。与此同时，当地人还有另一个由来已久的梦想，一个有关消费模式的梦想。早在20世纪60年代，第一批嬉皮士们就已经表达过这种愿望，他们拒绝消费主义、唯物主义和工业化。这是在瑜伽文化潮流、排毒果蔬汁风行之前的加州人的幸福和快乐。昔日追求乌托邦的理念如今慢慢地消逝了，今天留给人们的是对昔日无比的眷念和一股复古潮流的兴起。

复古潮流的兴起带来了新的理念：今天的社会消费观念的关键词是节俭、二手市场和利用可再循环价值。很凑巧，我在网上搜索一些需要的信息时，无意间读到了《世界杂志》（*M le magazine du Monde*）的一篇题为《洛杉矶人的复古穿着风潮》的文章。作者在文中着重介绍了几家卖复古奢侈品的店铺。这些复古奢侈品商店针对的客户主要是名人和富人，还有他们的造型设计师以及服装设计师。卖的产品很多都是大牌设计师的作品，比如著名女影星蕾妮·齐薇格（Renee Zellweger）穿过的由著名设计师吉恩（Jean Desses）设计的具有20世纪50年代特色的晚礼服，茱莉亚·罗伯茨穿过的意大利华伦天奴（Valentino）品牌1982年生产的礼服，科洛·塞维尼（Chloe Sevigny）和杰西卡·查斯坦（Jessica Chastain）穿过的圣罗兰的复古装。比较有名的一家店叫迪卡迪斯（Decades），由设计师卡梅隆·斯利文（Cameron Silver）创办。该行业的常态是一边是市场上有代表意义的稀有产品，一边是有钱的名人和富人收藏家，商家没有发愁卖不出去的时候。

迪卡迪斯
西好莱坞梅尔罗斯大道
（Melrose Avenue West Hollywood）
decadesinc.com

不过除了这些特殊的名人和富人群体，也有很多普通大众去二手市场买东西，淘一件心仪的衣服或饰物。二手市场上顾客们的心态是极其复杂的：有的是为了反对今天市场上生产过剩和消费过度的现象，有的是为了买到性价比高的产品，有的只是为了买便宜货。他们或者是想获取寻宝探险式的快乐，感受寻得一件宝贝的兴奋劲儿，或者是为了寻找一件货真价实的老式T恤衫而不是一件新的仿制品。他们还会花几个小时查询衣服原主人的信息，为的是给衣服注入一点灵魂，宁可要一件他人穿过的带着原主人故事的衣服也不要受污染的工厂里出来的产品。还有的人是为了显示和别人不一样，买一件旧式衣服让自己的复古味道更浓郁……

为了回应市场上如此众多的需求，各种不同类型的二手商店也应运而生：一种是只卖珍品的店，用现在的时髦词来说，叫"策划"型（curated），这类店的商品价格通常比较贵；一种店卖大批的牛仔服、头巾、装饰品，还有不知道年代的衬衣；有的店专卖20世纪30年代到七八十年代的产品，这类店尤其受到热衷于20世纪50年代有名的海报女郎贝蒂·佩吉（Bettie Page）的女孩子们的追捧；还有的店卖大批

的、只有几成新的产品，这类店经营的
商品有的出自名设计师，也有的是无名
设计师的作品，高低档都有，有漂亮的
也有不好看的，价格自然也就有贵有便
宜，产品包罗万象。十字路口贸易公司
（Crossroads Trading Co.）就是这样一
家连锁时装店。和许多外派当地的法国

十字路口贸易公司
- 好莱坞梅尔罗斯
（Melrose Av. Hollywood）
- 洛杉矶卢斯费利斯日落大道
（Sunset Bd，Los Feliz）
- 旧金山市场街
（Market Street，San Francisco）
crossroadstrading.com

人一样，我在发现它后迷上了它，经常去那里淘宝。我梦想着有一天法
国也能引进这样的消费和商业理念：客人把不穿的还有几成新的衣服
送到店里，店铺把它们买下来。卖主为了处理衣柜里不穿的旧衣服，
要价自然很低。这些衣服有的可能本来的买价就不高，或许本来就是
在二手市场买的，然后不想穿了又拿到二手市场转卖……如此循环周
转。"卖，买，重复循环"，许多店铺的大门上都贴有这样的广告词。
不过，你得很仔细地在堆满衣服的货架上翻找。如果找到一条仅售30
美元的马克·雅可布（Marc Jacobs）牌裙子或者20美元的香蕉共和国
（Banana Republic）毛衣，那真是很划算了。这些顾客主要是女性，
通常是一些时尚人士，她们来这里都是为了淘时尚潮流品牌，或者是为
了寻找一件别人没有的东西。

如何像洛杉矶人一样穿出复古风格

◆ 逛二手店铺和旧货市场，淘几件爷爷奶奶年代的宝贝，比如皮毛大衣、真丝围
巾、蕾丝花边裙、老式胸针，就好像逛每月一次的帕萨迪纳的星期天的玫瑰碗跳
蚤市场（Rose Bowling Flea Market）那样。把淘来的各种宝贝融进平日的装束
里，增添一分恰到好处的点缀。

◆ 找一家又能卖又能买的不太贵的二手店铺。时不时地清理衣柜，转卖自己不想要的衣服，再买几件改变自己风格的服饰。拥有一个主要的衣橱，营造简约大气的风格。日本时尚女性近藤麻理惠（Marie Kondo）宣扬的这个简约时尚理念，如今在世界各地都很流行！

◆ 敢于穿旧时代的裙装：比如20世纪50年代女性穿的那种束腰有波尔卡圆点的连衣裙，或者70年代那种有着浪漫气息的花式长裙……然后用各种不同的简单小饰物来增添几分现代时尚感。为了搭配最恰当不过的饰物，我们可以去"我们更多的方式"网站看看。这家老字号网站比任何其他一家店都擅长教你如何恰到好处地把旧物运用到新时尚中。

玫瑰碗跳蚤市场

帕萨迪纳玫瑰碗跳蚤市场
（Rose Bowl Drive，Pasadena）
www.rosebowlstadium.com

我们更多的方式

好莱坞南拉布雷亚大道
（South La Brea Avenue，Hollywood）
thewaywewore.com

变革（Reformation）

－西好莱坞梅尔罗斯大道
（Melrose Avenue，West Hollywood）
－旧金山瓦伦西亚街
（Valencia Street，San Francisco）
www.thereformation.com

◆ 牢牢抓住最简单又最有加州女孩味道的复古T恤衫，要百分之百的纯棉面料，并且质地因多年水洗而变得柔软，必须是一件真品，并且印有上一代人崇拜的偶像乐队的图案，或者是过去那种宣传"阳光明媚的加利福尼亚州"的海滩和棕榈树的象征性图案。

◆ 和耶尔·阿芙拉络（Yael Aflalo）一样，自己创业。她创办了变革（Reformation）品牌，她的品牌设计如今受到了许多时尚人士的喜爱。她的品牌宣传语是"我们制造的衣服是要被毁坏的，但它们不会毁坏大自然"。品牌的每件衣服都是通过对旧衣服的改造或者采用回收再利用的布料，再经过现代设计师的灵巧设计和改造而重新变成了一件全新的独一无二的物品。

本地购物攻略：单品特卖活动

单品特卖活动，这不是新时代的新现象，它在大萧条时期就已经蓬勃兴盛了。如今不知道是不是媒体总在幸灾乐祸地提醒我们经济危机的存在，单品特卖活动比过去任何时候更加知名。特卖活动指的是一些品牌（通常是高档产品）组织一场短暂的折扣专卖，特卖活动一般只持续一到两天，通常在周末，折扣从开始的五折到最后几乎免费的一折。这种特卖没有具体的时间安排，机会很难让人抓住。要看运气，碰到的话简直是一种幸福。许多品牌都会做单品特卖活动，尤其是那些小众品牌。这个时候，美国人无论是富人还是穷人都会疯狂购物。这种场合人自然会很多，但他们毫不在乎那拥挤不堪的人群，还把它看作是大家见面聊天的机会。他们会紧密追踪各种媒体报道，仔细查询关于特卖活动的信息。对我个人而言，我觉得Racked网站的信息最好，洛杉矶城内的话，则是Uncorerla[1] 网站的信息最好。

---

1 Uncorerla，一家珞杉矶本地资讯网站。

加利福尼亚服饰风格

– 忘掉穿着打扮的各种硬性标准，拥抱加州女孩内心的洒脱气质。接受自然的、不刻意的装扮，哪怕这种状态不完美！这种感觉很重要，尤其是在早上。

◆

– 不要刻意强调协调一致。恰恰相反，把反差大的元素技巧性地搭配在一起，不必为此有过多的担心，比如传统的服饰搭配时尚装饰，一条很女性的短裙上面配一件男士上衣。

◆

– 和身着休闲舒适的衣服一样，自我感觉也一定要良好。放松、开心、快乐。

－ 不要穿那些让身体受约束甚至不舒服的衣服（大脑也一样）。优先选择那些布料柔软舒适的衣服：T恤、旧套头卫衣、旧牛仔裤和可以飞扬起来的裙子。

◆

－ 衣柜里要有这几件不可或缺的衣服：牛仔短裤、超短紧身上衣、印花连衣裙。如果天凉，可以穿一双厚连裤袜，外面再穿牛仔短裤，上身可以加一件T恤打底衫，超短上衣下面露出T恤。如果是连衣裙的话，外面可以披一件长长的开扣毛衣针织衫。

◆

－ 加一些在海滩上或者是在遥远的异国他乡买来的小装饰品让身段显得更加迷人。把它们随意地叠加起来佩戴。

◆

－ 男士们最好琢磨出一套属于自己的风格，然后好好地打造一番，在细节上做努力，呈现一副酷形象。

◆

－ 如果愿意的话，可以在社交网站上发帖和晒图片，和大家一起分享。

◆

－ 买那些有道德良知和生态环境保护理念的品牌系列的产品，买良心产品，买可持续性产品。

◆

－ 要不然也可以买复古的东西，回收再利用产品、旧货，找到一件可以增添一分加州女孩风味的装饰品。

第五章

学会感知美好

太阳底下的自然美

一方面，加州女孩的皮肤闪耀着太阳照射下的自然光彩，面部则因为在健身房运动和室外活动而无比红润，头发洗过之后自然晾干；另一方面，她们又追逐各种化妆潮流，也会用吹风机打造各种造型，用电动卷发器卷出大波浪，用丰唇吸盘器做出性感的嘴唇。前者来自昔日的沙滩文化和传统，认为健康的生活和体形比外在形象更重要。这种生活理念和近年来大家反对工业美容化妆品，追求自然美的呼声遥遥相应。后者则来自当今社会的影视明星和时尚界。这些人身边围绕着魔术师般的化妆师、发型师、护肤专家等。

加州化妆品行业的市场非常巨大。法国的丝芙兰化妆品旗舰店随处可见，美甲店满街都是，还有理发店、吹风店（只吹不洗，我后面会再谈到它）、豪华酒店里比得上韩国城温泉山庄的水疗中心等。普通传统的护理店价格相对便宜一些，而赶时髦的新型护理则要贵很多。

一些热闹的街区几乎被科颜氏（Kiehl's）及奇科米兰（Kiko Milano）等各种美容护理店占据了。包括时尚服饰店、精品专卖店也都在店铺的一角开辟出一个美容专柜，这里有草食（Herbivore，该品牌理念来自西雅图的一个厨房里的灵感）的喷雾，吾爱（Ouai）烫发器，还有如花（Blossom）管装唇膏液。连街头的杂货店也都跟上了潮流，不

再像过去那样只卖柴米油盐等最基本的日常生活用品和食品。他们翻新了店铺，调整了货架，在显眼的位置设置了化妆品柜台，摆上了各种品牌的化妆品。过去人们到杂货店只是为了买一瓶矿泉水或者一袋薯片，现在他们来也是为了买化妆品。

20世纪70年代到90年代，化妆品界曾出现了各种品牌的盒装彩盘化妆品，品牌从贝弗利山庄阿纳斯塔西娅（Anastasia Beverly Hills）到衰败城市（Urban Decay）再到贝玲妃（Benefit）。如今，在昔日那种过分夸张的化妆潮流冷却后，化妆品界出现了一波新的潮流，人们开始热衷于天然成分制造的化妆品和有机产品，市场上出现了一大批宣扬产品不含化学成分、不含激素过敏物质的商家和品牌。最有名的品牌是影星杰西卡·阿尔芭创立的，她创业的最初灵感来自一个所有和她一样的年轻妈妈都会问的一个问题："我给宝宝用的护肤品里到底都含有哪些成分？它们对宝宝皮肤有害吗？"最后她创建了自己的美容品牌"诚实"，主打各类婴儿用品系列——尿不湿、婴儿奶粉、婴儿护肤品等，还有全家都适用的肥皂、洗发液和洗衣粉。

与此同时，影星格温妮丝·帕特洛也把她的"每周一信"（内容包括传授好莱坞影星的各种保养和美容技巧、食谱、风格塑造、体育锻炼，还有出行旅游的各种建议等）改造成了一个真正集美容、营养保健、香水和服饰于一体的综合品牌。

整体上来说，美国的美容市场多年来持续升温，一直稳步扩大，并且未来预期热度毫无减弱的倾向。我们回头来看看加利福尼亚州，从旧金山到圣迭戈，美容市场上甚至覆盖了那些追捧裸妆、抵制化妆品，或者坚持自己做各种护肤品的群体。这个群体只是不像大家一样去商店买化妆和保养产品及相关服务，但是在任何情况下，她们都不会让自己在毫无修饰的状态下出门。作为一个加州女孩，她们会打上一层裸色的底霜，会用遮瑕霜掩盖脸部的缺陷，再加一层多功能的护肤霜，或者抹上一些自己配制的混合精华油。尽管外在的美不是幸福的源泉，但对她们来说，这种美至少是生活中的一种乐趣。

如此纯真自然、让人着迷的加州女孩，加上如此完美无瑕、吸引人的好莱坞女星，使得全球各大媒体杂志和网站等都对加州的美容方法大加宣传。因为对所有人，包括明星和普通大众而言，美有两种：一种是自然之美，一种是科学地运用技巧打造出的美。随便举个例子吧，影星珍妮弗·安妮斯顿（Jennifer Aniston），媒体用了大量的笔墨来报道她的日常生活和美容装扮。在如此铺天盖地的文字报道里，大家都具体看到了她的什么呢？珍妮弗不是一个让人讨厌的女孩，她是一个在游泳池旁无忧无虑地晒太阳的乖乖女典范，作为一名影星，她能很好地自我把握和控制。每次出席活动之前，她都会做一次使肤色看起来黝黑发亮的突击护理。为了尽量保持自然的形象，她拒绝使用最新款的眼影和最迷人勾魂的红色唇膏，采用亚光粉底来避免面部肌肤过于发亮，同时借用睫毛膏来突出眼睛的魅力，用唇膏液滋润和美化嘴唇。为了节约用水，她冲澡只用三分钟的时间……除了这些，大家还能看到她那简单又让人羡慕的发型，这只需要一个好的发型师，一款好的洗发护发产品，加上一个适宜的漂亮造型就可以做到。不过，当她的发型师为她扎马尾辫时，她总是要拉出几缕被卡住的头发。在女孩纯朴的自然本色和影星高雅的讲究之间，珍妮弗不多不少地把握着分寸。

还是威尔·柯比医生（Will Kirby，他被称为"明星们的皮肤科专家"）说得好："皮肤的好坏，是一个人给他人的第一印象。洛杉矶的人皮肤都很好，只要你懂得足够的科学护理知识和正确的护理方法，无论你在哪里，你都会拥有好皮肤。"

620
亿美元

这是2016年美国美容行业的收入，这个数字自2004年以来一直持续增长，这期间增长了410亿美元。

这一年彩妆品牌贝玲妃（Benefit）在旧金山创立。该品牌化妆产品因其独特的、复古有趣的包装而成为经典。

1976

benefit

88

这是彩妆品牌NYX的畅销口红系列（Extra Creamy Round Lipstick）的颜色数量。
该公司于1999年在洛杉矶成立。

+ 126 %

这是布朗博士（Dr.Bronner's）品牌2011年到2015年的销售增长率。
该品牌具有多种用途的天然液体肥皂畅销全美，尤其在它的发源地加利福尼亚。

500

诚实（Honest）公司的员工人数。该公司是一家环保化妆品公司，由影星杰西卡·阿尔芭于2008年创立。

这是顾普(Goop)旗下的护理日霜（Revitalizind Day Moisturizer）的价格。该公司由影星格温妮丝·帕特洛创立。

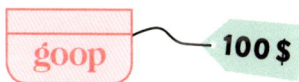

goop

100 $

1 300多万

这是instagram网红@kyliecomestics的粉丝数。它是时尚达人凯莉·詹娜（Kylie Jenner）在2016年她的嘴唇套件爆红之后注册的账号。

13

这是美发沙龙Drybar在洛杉矶的分店数（全美有60家）。这个2008年在加利福尼亚布伦特伍德（Brentwood）成立的连锁店，只经营一项业务：头发吹风造型（其店名也由此而来）。

真真假假的混合艺术

人们已经说过，并且还在不断地重复着这一点：加州女孩的神秘色彩直接来源于海滩和冲浪。她们不刻意装扮，不化妆，但就是那么迷人。这是源于她们的自身基因还是因为太阳赋予的魅力？这还很难说。为什么呢？大家知道，加州是一个快乐的、多元化的民族和文化混合的大熔炉，加州人不会拒绝任何一种外来文化，这就意味着加州人承袭了众多不同的文化和审美；而太阳的确是一个令人愉快的因素，阳光简直就是无忧无虑的代名词，它是一个人心情的维生素补充剂，也是古铜色肌肤的源泉……

加州女孩很清楚这些，不论是来自银湖区，还是圣莫尼卡海滩的女孩。只能说，加州女孩神秘的魅力并不全都来自太阳。其实，加州女孩和所有的人一样，她们在自身的基础上会尽可能地去改善一切。对那些她们无法改善的部分，她们也会"作弊"，或者说，试图美化它们。她们坦然地接受自己对完美的追求，承认自己是各种美容化妆品的忠实消费者，不论是商店买的还是自己在家里制作的美容品。周末的时候，她们会毫不犹豫地去化妆品美容店购物。尽管店里人山人海，就算要排上20多分钟的队她们也毫无怨言。对她们来说，重要的是找到适合自己的产品，好好地爱护自己和保养自己，让自己变得美丽。当然，无论她们如何打扮，她们是不会改变自己的，她们最后永远都忠于自己的风格特色。

加州女孩的漂亮法则

◆ 最基本的一点是补水。在做任何护理之前，加州女孩首先考虑的是补水：喷雾、精华液、补水润肤霜（对一个全方位追求美的人来说，可以三者均用），这些补水润肤化妆品会让皮肤焕发清新的自然美。不得不说，加州的空气常常十分干燥。许多法国女性来到当地后，开始的几个月都会感觉不适应，因为气候太干燥了，她们常常不得不加倍地使用润肤护肤霜。面部补水不仅仅能消除紧绷感，同时还给人一种肌肤健康、细腻和有弹性的感觉。这样的皮肤不需要大量粉底霜来遮掩局部的瑕疵。不论你在加州还是在其他地方，这一步骤都比后面的化妆部分重要，这一点我就不做更多无用的强调了。

◆ 当地人的一大困扰是如何缩小毛孔。美国人不喜欢自己的毛孔。美容化妆品店里有很多紧缩毛孔的产品，它们的广告语是"不再有毛孔"。索尼亚是一个自1971年来便在贝弗利山庄执业的皮肤专家，她推出了一个以她的名字命名的护肤品牌。她认为皮肤如果没有清理干净或者清理不当，就会导致细菌入侵，产生多余的皮脂，从而使毛孔增大。她告诫大家每天晚上一定要仔细地卸妆，同时建议大家一个星期给皮肤做一次彻底的清洁：先用柔和的去角质面膜（目的是让皮肤更加亮丽），然后再用石灰面膜来修复皮肤。

就只有这些吗？就这些。克里斯蒂是卡戴珊姐妹的皮肤科专家。她强烈呼吁"少即是多"。她提出要尽最大可能少用化妆品，并且尽最大可能使用最简单的化妆品。她不认同那种三合一功效的产品，甚至对此表示反感。她认为这些集多种功能于一身的护肤产品很糟糕，尤其是有色润肤霜，这是她最反感的一种化妆品，她认为这种产品会导致粉刺。

◆ 此外还有一个因素，加州女孩对整容手术不感兴趣。她们更倾向用化妆保养品来对付皱纹，而不是去做整容手术。胶原蛋白、玻尿酸、维生素C都是她们喜欢的美容元素！这些元素在她们用的各种紧肤水、面霜和洗面奶里都能找到。

洛杉矶皮肤科专家杰西卡·吴还向大家推荐了另外两种元素：维甲酸（维生素A酸）和视黄醇（第一代维甲酸）。这两种成分有促进表皮细胞代谢更新的作用，并且它能深入毛囊厚壁，促使胶原蛋白产生。她建议大家30岁以后就开始使用这类产品，不要等到皱纹出现的时候才开始使用。

◆ 还有一种通过输氧来做护理的水疗法：这种护理方法是使用高压氧（一种压力非常高的方法）将含有玻尿酸、多种维生素和抗氧化剂的精华液压到皮肤深层里。这种护理方法很受大家的欢迎，因为它的补水功效好，能让肌肤看起来更加丰满和有弹性。

◆ 加州的优势是总有太阳，加州的劣势也是总有太阳。当地的皮肤科专家一再

督促大家出门一定要涂抹防晒霜，即使是阴天的时候。他们甚至还建议人们在室内也擦防晒霜。这些当地专家的看法让法国的专家们有些坐不住了。法国皮肤科医生对防晒指数（SPF）和其他各种化学过滤元素表示反感。法国化妆品市场上许多化妆品都被打上了防晒指数的标签，比如精华液、日霜、粉底霜、腮红甚至口红。专家们对此意见分歧很大。有的人坚持最大可能地采用防晒措施以保护皮肤，抵抗皮肤衰老，降低因紫外线照射而诱发癌症的危险。另外一些人则认为腮红等化妆品上的防晒指数只是一个假象，因为想要真正起到防晒作用的话，防晒成分含量必须非常高。他们同时指出皮肤本身就具有一定的抵抗日照的能力，并且还提醒大家，只有在太阳的光照下皮肤才能吸收维生素D。维生素D是一种抗菌元素，它能加强人体免疫力，降低心血管疾病的发病率，甚至还有可能预防癌症。所以大家要多晒太阳，只是要注意和懂得科学地晒太阳。事实上，加州女孩总是尽最大可能进行防晒，她们最喜欢的防晒产品是法国品牌理肤泉的全效广谱（Anthelios）系列。

◆ 所以，那种古铜色或焦糖色肌肤通常不是肌肤的本色！要想得到这种效果，可以有不少的选择：涂抹古铜色霜，它的效果一般能持续一天以上；或者涂抹古铜色粉，加州人把它称作布龙泽（Bronzer），请带着口音发这个单词，这是加州任何一个人都不可缺少的东西。加州女孩很少把这类黑肤品涂满整个的脸部：如果她的面部气色缺乏自然光彩，她会用增添色泽的面霜来加强效果，然后仅仅只在两颊、额头和下巴几处涂抹防晒霜。

◆ 除了脸部，身体其他的部位也一样。加州除了"明星化妆师""明星发型师"这样的职业人士外，还有一类职人，虽然没有前两者有名，但也一样重要，他们被称为"黑肤护理师"，珍妮·布拉菲（Jenni Blafer）就是这样的一名皮肤护理师。她开发了铜色皮肤喷雾。为了更好地使用她的产品，她提出以下几点：

先用去角质面膜除去死皮细胞、皮脂和杂质，这些会影响黑肤霜的效果；此外沐浴时间不宜太长，温度也不要太高，以免淡化黑肤霜的颜色；再者要多喝水。皮肤在保湿很好的情况下会更亮丽，黑肤霜的棕色效果会更均匀。

◆ 一支遮瑕膏、一管亮肌修护精华、睫毛膏油、腮红粉饼、润唇膏：记住化妆的作用是为了改善和美化，不是为了改变整个面部，除非目的是参加晚会。出席晚会的妆容可以在改善的基础上更浓一些：如先用亮肌修护精华液使肌肤更亮丽，再用偏金色的古铜色粉来提亮轮廓；然后再开始整体打磨，通过深浅颜色的对比，给脸部做出立体效果；最后再在眼睛上做文章，可以化浓妆，用液体眼线笔画上一条粗粗的性感的眼线，介于母鹿眼妆和烟熏妆之间的那种。洛杉矶女孩妆容的一个细节是又长又浓密的睫毛，这要归功于她们的睫毛膏，或者假睫毛。妆容的点睛之笔在于涂上细腻粉色的口红，让嘴唇看起来更加丰满。粉红色很受大家欢迎。也可以来个大红色，效果也不错，有点20世纪60年代的味道，但同时又具有现代感。

◆ 生活在大自然中的加州人一向被认为是不喜欢香水并且讨厌各种喷雾的。但是随着用植物提取物制成的各种简单原始的除味剂的出现，市场上涌现出大批管状除味剂，他们被卷进了这个潮流，开始使用各种相关产品，香水也不例外。不过他们选择的是那些坚持绿色环保理念的天然植物原料制作的香水，这类香水散发着浓郁的花香。一些热闹时髦的街区开始出现各种香水店。总之，尽管香水在他们的美容化妆理念中并不是一个不可缺少的部分，但人们的意识明显地发生了改变。

以下博主可以帮助大家对美容有更多的了解

@The Beauty Department

三个好朋友一起开的博客。她们的每张照片都是那么清纯、坦然，给人以灵感，体现了加利女孩的完美气质。

◆

@Beauty Banter

另一个加利女孩的博客，不过她的风格带着好莱坞的味道，风趣、闪亮、炫耀、色彩鲜艳。

◆

@Gal Meets Glam

博主是美丽的茱莉亚·昂杰尔。她品味高雅，不仅仅谈论美容话题，同时还谈论时尚和家居设计。

她的instagram粉丝超过了百万。

洛城女孩，新的法国女孩？

《为什么说洛城女孩是新式法国女孩？》，这是欧莱雅在其博客上发表的一篇文章的标题。文章是为了宣传其化妆品，但读者在字里行间也能感受到作者对加州女孩实实在在的赞美。那些昔日照耀在法国女孩头顶上的光环如今罩在了加州女孩的身上，比如迷人的肌肤，一头梳了又像没梳、没梳又像梳了一样的头发，哪怕是早晨起来的凌乱头发，还有那让人看着就想亲吻的嘴唇……加州女孩用自己独特的风格赢得了类似的光环。

在她们影响下，迷人的皮肤不再是那种白皙透明的，而是太阳底下的古铜色的健康肌肤。美丽的头发也不再是枕边慵懒的卷发，而是海风吹起的飘逸的凌乱。迷人的嘴唇也不再是搽了亚光口红的红唇，而是涂了润唇膏的亮唇。过去多少年一直是加州女孩模仿法国女孩，如今这种现象要反过来了！

英俊男生

既然加州男孩对他们的外在服饰如此上心，那无疑他们对自己的容貌形象也同样地关注。

这些紧肤水和润肤霜的忠实消费者还有专属他们的先锋品牌：巴克特斯（Baxter）。该品牌由休普尔（Super Shape）于1965年创办，休普尔当时的主打产品是一种男士润肤霜，用于护理暴露在太阳底下和浸泡在海水里的皮肤。此后他们还研发了一种抗皱霜。加州男孩喜欢那些能打造出"海滩效果"的美容产品。比如亮色发膏，能让冲浪者金色的发绺看起来更加自然，亮色效果在吹风机的作用下更加明显。还有质感浓厚的定型喷雾，让头发看起来有满满的海水效果。另外，加州男孩尤其精心呵护他们的胡子。他们很少不留胡子。他们用那三天没有刮的有些扎人的胡子来塑造自己的独特形象。

复古潮流使老式的机械剃须刀也变成了一种时尚，它是加利男孩盥洗室里的必备之物。

时尚街区的理发店里给男士剃须的椅子和各种配置也都是老式的风格。

最近几年还流行另外一种风格：中性装扮。这种装扮在时装界和美容护肤界尤受关注。因为不是所有的人都觉得自己具有纯粹的百分之百的男性或者女性特质，也不是纯粹的百分之百的异性恋或者同性恋，也不是所有的男性都只去男士用品柜台买东西，女性只去女士柜台买东西，比如香水、毛衣或者背包和运动包。先锋派人士和媒体在这方面的响应尤其积极。我在《青少年时尚》（*Teen Vogue*）杂志上读到了相关内容。这本杂志在过去多年一直受年轻的女孩们喜爱，我也是它的忠实读者之一。这本杂志很大众化，纸质和印刷质量都非常好，有着精美的彩色图片和漂亮的版式，拿在手上感觉很轻。杂志的内容主要与女孩子们的服装、朋友圈、学校或者化妆术相关。它刚刚在其风格和内容上做了一个大胆的、毅然决然的革新。之所以说它大胆和毅然决然，是因为大家都知道对这样一本高质量高信誉的大众杂志来说，其内容最好保持理智和中立，避免过激，避免刺激它的广告商和广大读者。这个转变打破了由女性垄断期刊全部内容的传统，将男孩提到了和女孩同等的宣传地位。从封面到页面设计，再到时尚图片和文字内容等，男孩女孩争相媲美。现在香水店里有越来越多的男女混合型香水卖，护肤品也开始出现男女都适合的面霜；服装界也开始推出大量中性款式的衣服。

这种趋势在加利福尼亚海岸一带明显可见。前面我已经提到过，加州男孩并不刻意地追求和打造男子汉气概，他们对自身潜在的女性的一面也毫不掩饰。这些男孩会自己打理长发发梢，或者自己把一头短发染成蓝色、红色或者绿色。武士发髻或辫子也成了新式男性美的组成部分，让他们看起来兼具刚毅（比如大量的文身）和敏感。

男性美甲也是当前的新趋势，不过不是由那种专业修甲师打造，而是自己快速涂抹指甲油。另外，摇滚歌手科特·柯本（Kurt Cobain）式的眼线妆也不会让任何人感到惊讶了。昔日男女之间那清晰的分界线不再那么明显了。诚然，男性化妆还不为所有人接受，但是商家的市场营销促进了社会的需求：比如由超模史蒂芬妮的儿子布朗迪兄弟俩设计的魅可（M·A·C）系列化妆品，彩妆品牌封面女郎（Cover Girl）或者美宝莲（Maybelline）的男性代言人等。

眼影、腮红、润唇液等化妆品最终进入男性世界估计也只是个时间问题。必须承认比起许多其他的地区，加州人的思想要更开放，社会也很宽容，人们不会对他人的言行评头论足，你可以说他们"冷漠""无动于衷"，或者说得更好听一点，"拥有愉快开朗的心态"。

INSTAGRAM的潮人

@Mybelonging

博主汤米·雷（Tommy Lei）谈论的主题是男女皆适的男性服装。他借用女性十足的丝绸上衣、装饰腰带来打造男式服饰。

妆容方面，他强调一定要画好眉毛，打造完美形象，对象征反叛的发绺也要精心打理。

有机品世界！

加州人还喜欢幻想另一个世界，一个充斥着天然的美容护肤品的世界：护肤保养品里没有任何合成物质，也没有有害成分，比如硫酸盐、苯基甲酸酯类、石油衍生物质等，香水也不用化学工业的方式合成，化妆品里没有潜在的致癌物，不含任何引发内分泌失调的成分。而这些成分几乎存在于当今所有的护肤用品、化妆品和盥洗室里的洗漱用品里。一项环境研究报告显示，每一位女性平均每天接触的化学物质多达168种。天然护肤品的出现则会让她们从这日常的168种化学物质中解脱出来。

当代加州女性在健康保养方面的讲究和她们的长辈们相比已经有了很大的不同。昔日人们的生态观念很强，她们涂抹椰子油来保护皮肤，认为它的防晒效果很好（椰子油的确有很多好处，20世纪70年代人们对它的防晒功效深信不疑，但其实它并不能抵挡紫外线的照射）。现在人们对天然产品的要求除了有效之外，还结合了许多其他的生态环保和健康养生理念，比如不含麸质成分，不能在动物身上做试验，没有转基因，尽可能选有机产品。也就是说，今天人们的健康保养理念是一种从自然生态环境到个人健康的全方位理念。

随着天然有机化妆品进入到人们的日常生活当中，这个行业蓬勃发展起来了。这不仅仅归功于市场上大家熟知的各种小众品牌，比如有机产品专卖店、绿色植物专卖店、女性天然产品创业公司等，更多的是要归功于社会整体意识的提升，归功于一种简单的回归自然的意识：我们为什么要用那么多的产品？我们能不能试着不再过多地囤积产品？

让我们回到本质上，加利福尼亚式的生活！

◆ 用简单原始的产品，不要加工过的产品。比如，用最原始的肥皂而不要用沐浴露。最好是在农贸集市上买来的那种或者是朋友自己创业卖的手工制品。

◆ 用既没有经过加工也没有混合其他材料的原材料所生产的纯质产品，比如选择纯天然的，而不是添加了各种香味的乳木果油霜，海盐就是海盐，不要含有任何其他成分，诸如此类。

◆ 利用植物油。甜杏仁、橄榄、牛油果、摩洛哥坚果、芝麻、葡萄籽，这些植物的油对健康和肌肤都有好处：它们能滋养头发和指甲，向身体输送各种维生素，同时味道清香。椰子油是加州人最喜欢的植物油。他们认为椰子油可以舒缓和修复被太阳灼晒的皮肤，能够深层护理头皮和滋养头发，补充维生素A和维生素E，同时还能提亮肤色，让人散发清香……实在是一个全能的天然美容品。

◆ 看重自然产品的多种功效。在这一点上，植物油又脱颖而出，它是最好的多功能产品。植物油有润肤功效，还能卸妆、护发、脱毛。在洗澡水里放上植物油，按摩时能让人更轻松舒服，它还能有效地预防妊娠纹。这些植物油在厨房里也同样适用哦！

◆ 同样，厨房里的小苏打粉既可以用来洁牙亮齿，也可以用来干洗头发，还可以充当除味剂，缓解消化不良症状，甚至还能清洗洗脸池。做蛋糕时，它还具有使蛋糕松软发大的功能。还有，超市里卖的有名的布朗博士的瓶装液体肥皂，据它的秘方里说，该产品集18种功效于一身！

◆ 相信各种香料的作用，这在加州一直都很盛行。香炉是他们生活中不可缺少的一个用品。薰衣草可以让人舒缓神经，放松紧张的心情，桉树有抗菌功效，这两种香料最受大家欢迎。

◆ 想要更复杂的混合香料的话，建议大家自己在家里做。牛油果、植物奶、蜂蜜、椰子油，加州女孩只需在厨房里找出这些食品，把它们均匀地混合在一起，做成面膜，就能达到非常不错的效果。

来自加州饮食元素的灵感，自制保养品（有机原材料）

超级保湿面膜：混合2汤匙牛油果泥加2汤匙椰奶再加2茶匙蜂蜜，放置10分钟后使用。

◆

去角质面膜：混合1茶匙椰子糖加1大匙意大利波伦塔玉米粉再加1汤匙希腊酸奶、半咖啡勺的柠檬汁，把混合物直接涂抹在皮肤上擦拭。

◆

抗氧化剂保养喷雾：准备500毫升绿茶或白茶，冷却，再把有机葡萄柚皮或者橘子皮放在茶里浸泡半小时，然后过滤，再将溶液装进喷雾瓶里（可以放在冰箱里保存）。在早上或一天的任何时间拿出来喷一下，你会感觉无比清爽滋润。

◆

不含硫酸盐的洗发水：1汤匙芥末粉、2汤匙天然酸奶、1咖啡勺蜂蜜、1咖啡勺橄榄油和1个鸡蛋黄混合，在夏洛特甜酒里放置20分钟，用它来洗发，最后再用加了醋的水冲洗干净。

◆

加尔遇见格南（使头发充满生机和活力的乳膏）：1个有机香蕉加1汤匙蜂蜜及2汤匙鲜奶油，混合一起放置10分钟后使用，最后用温水冲洗。

新的消费理念正在冲破过去那根深蒂固的消费习俗的防线。与此同时，那些喜欢各种天然资源，热衷于自己在家动手制作保养化妆品的人也很快地融进了这个市场。除了自己使用之外，他们开始向身边的朋友和邻居推荐自己发明的产品，然后又把推荐范围扩大到了他们周边的杂货店和农贸集市上。在他们的积极推广宣传下，一个由个体微型创业主导的天然保养化妆品市场逐渐形成。这个市场中的一群小众品牌商家都感觉到如释重负：太好了，现在人们可以直接在他们这里买成品了，不需要把这些产品转卖给那些工业集团和化工厂了。消费者在这些品牌的网站浏览时会获得许多创业者的个人信息，诸如他是谁，从哪里来，住在哪里，什么样的长相，以前是做什么的，现在又在做什么等。创业者这样做，旨在让消费者对他有一种熟悉的感觉，希望消费者觉得自己是他熟识的人，是一个熟悉的人在帮自己做由于种种原因没能制作的天然产品。这个他熟悉的人关心的是他的快乐和对大自然的保护！想想看，使用这些熟悉自己、关心自己和大自然的人为自己打造的产品，自然会让人放心！比如加州人乔西·马兰（Josie Maran），她的品牌宣传语是"有良知意识的奢侈消费"，著名博主希瓦·罗斯（Shiva Rose），她品牌旗下的各种玫瑰花产品给人带来全方位的健康呵护，还有塔塔·哈珀（Tata Harper），她的产品系列全部来自洛杉矶太阳底下的佛蒙特州的大山……

这些创业者在他们的网站上以讲故事的形式和消费者沟通互动。他们，更确切一些地说是她们，因为他们当中大部分是女性，常常和消费者一起分享自己的亲身经历，尤其是遇到的健康问题。她们创业常常是因为自身遇到了健康问题，从而开始着手研究一些天然产品。瓦莱丽·格瑞杜利（Valérie Grandury）就是她们其中的一员。瓦莱丽出生在巴黎，后来定居洛杉矶。她旗下的品牌产品欧达斯特（Odacite）进入到了高档精品店的柜台。她是在被诊断出癌症后创业的。她曾经说，是癌症敲醒了她的人生警钟，改变了她的人生，促使她改行创业，从此当上了让人快乐与幸福的心理导师，并从此开启了"消除生命中的毒素之旅"。同样的还有罗斯·玛丽·斯威夫特（Rose-Marie Swift），她过去是一位明星化妆师和娱乐杂志化妆专栏的撰稿人，也曾经是个从来不知道休息的工作狂。兢兢业业地工作多年后，她开始感到身心疲惫。她因此去做了一个血化验，检测结果显示出她血液中的铝、铅和汞等重金属含量均超标，其他化学成分和有毒物质也同样超标。在这种情况下，她创建了自己的有机化妆品牌罗斯芭媞（RMS Beauty），她的产品吸引了影星米兰达·可儿（Miranda Kerr）和凯特·博斯奥斯（Kate Bosworth），这证明了时下的天然保养品及化妆品一样可以打造出无限的魅力。

在加州这片植物文化的理想土壤上，人们把保养美容和健康饮食的理念紧密地结合在了一起：饮食他们首先考虑的是本土产品，时令果蔬、优选新鲜食材，以及注重可持续发展的产品；也会和当地小生产者合作，甚至在条件允许的情况下自己种植，小批量生产；自己发明健康的食谱，并且注重食品给人带来的感觉（比如气味、手感、美观等）。程序从最开始的从农场到餐桌，发展到从农场到面部，再发展到直接从土壤到肌肤！对那种不遵循大自然的四季规律、违背大自然法则而超量和低质的生产和销售则完全拒绝……小量生产甚至是许多商家的经商战略方针。来自纳帕谷酿酒家族企业的爱普罗加尔·朱洛（April Gargiulo），她从家族企业中脱离出来自己创业，推出了自己的品牌酒"女儿红"，她的产品宗旨是要酿造出质量和家族传统企业相当的葡萄酒。她推出的葡萄酒虽然只有一个品种，但是里面却融入了从苜蓿到蒲公英，从茉莉花到迷迭香叶，从葡萄籽到佛手柑等22种原料。她

采用的原材料全部都是有机原料，并且大部分都是本地产品，而不是那种加工过的植物或者植物提取物，因此更好地保证了产品的质量。

北加州的两位草药师莎拉·布秋（Sarah Buscho）和玛丽娜·斯汤姆（Marina Storm）创立了绿色护肤品牌"从土壤到面部"（Earth Tu Face），她们这样说："我们相信你不愿意把那些你不肯放进嘴里吃的东西涂在你的肌肤上。"她们自己研发产品，使用的原材料全部都来自自家的厨房和花园。她们把花园里的植物和厨房里的植物油混合在一起，并且亲身体验产品，绝对不会去找邻居的动物们来做试验。有一次，她们甚至把涂抹身体的润肤黄油拿来做煎饼。不过该品牌产品也不是百分之百的植物成分，因为里面含有蜂蜡。

素食主义最新的一项严格要求是，产品不能在动物身上做试验，也不能含有任何动物成分，比如蜂蜜、羊毛脂（一种羊毛上的提取物）、胭脂红（一种由研碎的胭脂虫制成的红色素）、鸟嘌呤（一种鱼鳞的提取物）、角蛋白（指甲或羽毛的提取物）、貂油或丝绸。

不过植物产品可以含有矿物质或一些合成成分。此外，它可以是有机植物，但也可以不是。

加州天然化妆品中最有名的两家是品牌兔菲丝（Too Faced）和凯特方迪（Kat Von D）。兔菲丝以其产品的色彩鲜艳丰富、大胆创新，每款产品都有不同的趣味性以及在社交平台上和消费者的积极互动而闻名。凯特方迪品牌创始人凯特是一个哥特风格的文身大师，她的彩盘妆产品造型华丽，种类繁多。这两个品牌的产品都不是百分之百的天然产品，但是她们一样致力于生态环境保护和人类健康理念，走透明化生产路线，在网站上都可以看到她们产品的原材料清单。

纯植物或者不完全纯植物产品的外包装通常很精致，和"裸妆素颜美"的概念相去甚远。它们的包装都很讲究，设计很有特色，完全不像那种打着简单的"我自己做的"标签的手工制品一样粗糙。不论是在色彩还是质感上，市场上供人们选择的产品有很多，商家对产品的宣传活动也都做得很到位。市场上这些新的天然产品的出现解决了过去手工业和工业化生产之间的矛盾：一方面，大家不放心工业化产品，因为里面所含的有害成分太多；另一方面，对那些个人手工制品，人们也不是很放心，他们担心产品制作过程中的卫生问题……如今市场上出现的这些新品牌把这两种相互矛盾的模式各自的优点结合起来：一方面是透明的手工制作方法和过程，一方面是专业卫生的工业试验设备。因此市场上消费者的需求越来越大，市场供应也越来越丰富，行业发展也越来越迅速。比如，洛杉矶有名的生态超市迪托科斯超市（The Detox Market）中有100多个天然品牌的产品，它们争奇斗艳，消费者的选择尤其丰富。

但不管怎么说，无论用什么样的高级天然美容品，有一点是显而易见的，并且受公认的：一个人外在的美首先来自他内在的美，来自健康。前面已经提到过的品牌罗斯芭媞的创始人罗斯·玛丽·斯威夫特认为，美丽的肌肤不是来自她旗下品牌有名的各种护理化妆品，而是来自健康的饮食。她建议大家远离所有不健康的垃圾食品。"这是我的第一建议，"熟悉模特行业的她继续说道，"所有的模特的饮食都非常健康。"因为护理化妆品和健康饮食是挂钩的。从指甲油到卷心菜、羽衣甘蓝，你说，谁更给人饥饿感呢？

加州健康的餐饮才是他们美丽的真正根源。

内在美和外在美的原则提醒

迪托科斯超市（The Detox Market）有多处地址，其中有

- 西好莱坞富康大道
（Beverly Boulevard，West Hollywood）
- 圣莫尼卡蒙大拿大道
（Montana Avenue，Santa Monica）
www.thedetoxmarket.com

◆ 吃富含抗氧化剂的食物：此类产品种类很多，从南美洲的巴西莓、阿西罗拉针叶樱桃，到西蓝花、南瓜，再到绿茶。多吃营养成分特殊的五谷类，比如藜麦或者小扁豆。同时吃富含ω-3不饱和脂肪酸的三文鱼和鸡蛋，富含钾元素的香蕉，富含镁元素的坚果类，还有含有健康油脂的牛油果等。最后在菜肴里或者饮料里加上姜末、肉桂粉或者姜黄。想想看，加州女孩的魅力很大一部分是不是来自这姜黄的橙红色！

◆ 听听时尚女孩、加州马利布的一把枪牧场（One Gun Ranch）的牛仔女郎爱丽丝·班福德（Alice Bamford）说的话吧："永远不要把健康饮食看作是一种牺牲。为什么不把它看作是一次机会，把每一次新食物的尝试看作是对身体敞开的一个新篇章呢？"她还写了一本关于厨艺和生活艺术的书。

◆ 可以在超市买一些天然的健康补品。加州人都很喜欢吃各种营养胶囊、粉末或者饮料类补品。这些美容营养产品几乎在所有的健康饮食专柜里都能买到。它们一般都含有消化酶、经过生物发酵的植物、富含ω-3和抗氧化剂的奇亚籽或小球藻、蒲公英、生姜、蘑菇、蔓越莓等成分，在此基础上再加入各种香料使饮料更加可口。当然，还有各种排毒饮料，除了过去传统的普通排毒饮料外，现在还流行一种两到三个或者四个星期的排毒期概念，排毒期间只能喝由马黛茶、茉莉花绿茶、抹茶、路易波士茶和其他许多植物混合在一起制作的各种饮品。商家把这些排毒饮品的市场营销都做得很好。

◆ 在健康饮食的基础上再来一套面部护理，选择以石榴或螺旋藻为基础成分，有促进吸收作用的产品，或者是含有开啡尔发酵剂和康普茶成分的面霜，它们可以帮助面部肌肤调节生物细菌的平衡。经常食用含有这类成分的食物则会改善肠道菌群。

◆ 总之，请记住，不仅仅早晚的日常美容护理中要使用天然产品，每天的饮食也要注意是健康饮食，选择食用天然的有机食品。

神奇的埃及护肤霜

神奇的埃及护肤霜含有6种成分:

橄榄油、蜂蜡、蜂蜜、花粉、蜂王浆、蜂胶。

这个1991年以来加州卖得最好的护肤产品是百分之百的纯天然产品,据说是古埃及人的美容秘诀。所有加州女孩的化妆包里都有这么一盒护肤霜。这种护肤霜质感浓稠,具有多种功效(比如: 软化角质和面部、嘴唇及全身的肌肤, 还可以护理头发发梢。不过它的卸妆功能和改善湿疹功能并不被所有的人认可)。

如此加州！

在加州停留一个小时，待上一个星期，或者住上一年，无论时间长短，你都会注意到当地人身上总有那么一些东西给人留下深刻的印象。是因为他们那来自当前的或是未来的一种幸福感，比如他们对天然产品的追求，或者仅仅是因为简单的外在形象？了解他们这些根植入骨髓的习性，可以帮助你把真正的本土加州人与外来融入加州的加州人区别开来，尤其是在当地生活的四万法国人！

加州人的三个典型的特征

◆ 指甲贴片。在这一点上，加州女孩和她们的姐妹纽约女孩一样，她们经常喜欢去满街都是的美甲店。这些美甲店价格实惠，不需要事先预约，常常在下班后或周末时迎来客户高峰期。高峰期时店里的客人和美甲师混在一起，场面虽然有点混乱，但同时又有一股轻松愉快的气氛。美甲是美国人的一种嗜好：他们无视指甲天然的自然美，认为毫无修饰的指甲是一种不修边幅的表现。由于有喜欢光脚的习惯，修脚也是她们生活中不可忽视的一件事。

过去传统的修脚店进去后常常会让人感觉不是很舒服，有时甚至让人感觉难受。面对这种情况，市场上出现了一批新的带有环保意识的美甲修脚店，并且都纷纷打出了自己的品牌。其中，诞生于巴黎的品牌库尔巴砂（Kure Bazaar）是世界

Drybar 有好几家店，其中一家
地址是
西好莱坞西3街（West 3rd Street，
West Hollywood）
www.thedrybar.com

三叶草社交俱乐部
（Shamrock Social Club）
西好莱坞日落大道
（Sunset Boulevard，West
Hollywood）
shamrocksocialclub.com

上第一个采用有机无毒指甲油的品牌。该品牌是由昔日的超模卡迪卡·卢耶特（Kartika Luyet）创立的。她最初创业是因为她在怀孕期间怎么也找不到一家适合孕妇的、没有任何污染的修甲和修脚店。为了打造绿色环保的护甲产品，让女性在怀孕时也能毫无顾忌地涂指甲油，库尔巴砂应运而生。该品牌指甲油所使用的原材料是纯天然的木浆、棉花、玉米、马铃薯和小麦。

◆ 完美的发型。这其实并不是人们提到加州女孩时脑海里出现的第一印象。然而，第一家快剪吹理头发的美发沙龙Drybar，就是在阳光明媚的西海岸新区诞生的。Drybar连锁店是只吹不剪这个新服务行业中的最大的一家。这个行业的服务理念是只洗发和吹发造型，不剪发也不染发。这样单纯的服务，会有多少客户来他们这里呢？事实上，来他们店的并不仅仅只有那些要出席正式场合的客户。除了为头发造型，人们也会为了享受这里提供的头部按摩服务而来，这里还有其他各种头发护理服务，比如做头发保护膜，可以给头发增亮。人们喜欢把自己的头发交到一个真正的职业发型师手中，让他给自己打造美国式的美丽发型。大家可以参看1975年的美国电影《洗发水》（Shampoo），影片中由沃伦·比蒂（Warren Beatty）饰演的理发师因为精湛的手艺而闻名洛杉矶，他为大家打造出很多美丽的形象，但同时他又和活泼可爱的朱莉·克里斯蒂（Julie Christie）和歌蒂·韩（Goldie Hawn）偷情。美国人在理发上没有什么特色，大家都差不多，他们关键是在打理上下工夫（花钱加上花时间）。因此，美国人的发型一个个都打造得那么漂亮，头发打理得那么顺直，总是保持得如此健康亮丽……这是不是显得有点太过完美了？

◆ 无拘束地文身。你可以不去关注加州人那刚刚涂了指甲油的美丽指甲和脚丫，也可以不去多看一眼他们的法拉福塞特式发型，但你会很难对他们那无处不在的文身图案无动于衷：手臂上、手上、小腿上、脚踝处、背部、胸部、颈部、头顶上……不但全身到处都是，而且无论是谁都文身，男生、女生、餐厅服务生、银行家、小众人士，还有农贸市场的蔬菜果农商……图案也是五花八门：人名、运动队的名字、一句话，还有风景、动物、花卉图案，还有抽象的、浪漫的或者野性十足的图案……这些都是通过一个调色板上的各种色彩画出来的。洛杉矶历史上底蕴深厚的拉丁文化在一定程度上影响了城市的审美观，如今发展到了对文身的崇拜。另外还因为昔日著名的海滩文化，或者至少因为他们那标志性的T恤衫，让他们展示出迷人的身躯，所以得把它装扮起来。文身师是不是另一种新型"理发师"？不管怎么说，至少这些文身师抢走了理发师的明星头衔，比如三叶草社交俱乐部（Shamrock Social Club）的文身师伍（Dr. Woo），他给人打造的文身图案非常独特，有时还很有诗意，现在仰慕他的人已经远远越过了文身爱好者的群体界限。

加州按摩是怎么一回事?

加利福尼亚式按摩起源于1970年的太平洋沿岸的大瑟尔(big sur),当时的按摩多用于医疗界,治疗过去通过药物控制的各种心理疾病(比如忧抑症、焦虑症、失眠症等)。接下来的十多年,按摩逐渐发展为世界各地的水疗中心都不可缺少的美容护理方法! 加州式的按摩旨在让人放松,放松,再放松。按摩师双手着力到位,用力重却柔和,让人感觉不到任何疼痛。按摩不但能舒缓人的紧张情绪,更重要的是在按摩过程中,能重新唤起人对自己身体的感受和意识。按摩师双手涂抹精油,灵巧有力地从人的背部下面开始慢慢按摩,再逐步上升到肩部,用力平稳、和谐、流畅。然后,按摩师开始慢慢地用劲,着力于神经枢纽的关键部位,打开人的神经,舒缓人的紧张情绪,最后又减轻用力,以温柔而舒缓的方式结束按摩。整个按摩过程在一种和谐的音乐声中进行,配有温暖舒适的床垫,一次按摩时间一般在25分钟到50分钟。

如何打造天然的美丽

做好肌肤护理，这是首要基础

肌肤护理要从补水保湿开始，请使用质地优良的产品。去咨询一下你的皮肤科医师，这比问化妆品商店里的化妆师要重要得多。

优选那些简单的保养方法

回到祖母时代的简单基础保养。时不时地自己在家制作护理品。

使用抗衰老产品

不要等到皱纹出现时才想到抗衰老，请从现在就开始注意保养。使用富含胶原蛋白、玻尿酸、维生素A和维生素C等成分的抗衰老产品，这些成分的抗老效果明显。

注意高效防晒

在太阳底下暴晒的时候注意涂抹防晒产品。平时在日照充足的区域也要注意防晒。（嗨，那些住在加州的朋友请注意了，住在戛纳的朋友也一样！）

随身携带亮肌黑肤霜

亮肌黑肤霜可以打造美丽的妆容，也可以用亮肌黑肤喷雾打造古铜色的肌肤。

减少化妆品的使用

化妆的主要作用是遮盖瑕疵和美化形象，而不是把自己"打造"得面目全非。一支遮瑕棒和一盒简单的腮红就可以了。当然，如果晚上要出席活动的话，你可以尽情地浓妆艳抹！

跟上时下流行的中性化理念

如果你是个男士，不要担心你身上蕴藏的女性魅力，把它们尽情展现出来。反之，一名女性可以坦然地展现自己的男性魅力。

注意观察新潮流的趋势

把天然、品质和时尚结合起来。购买产品之前先在网上查询一下它的相关信息，比如品牌创始人、产品成分等。对保养化妆产品的选择要与对食物的选择一样严格要求。

不要忘了……

以上的任何一条建议都抵不上一个健康的饮食习惯。我这里说的不是节食，而是营养均衡的健康饮食习惯。

一套完美的指甲！

再加上明星般的发型造型！还有大面积的热门图案文身！当然，如果你愿意的话……

第六章

加州人是天生的生活家

温馨优雅的加利福尼亚室内装修

大家会注意到，人们在提到自由幸福的加州生活时，眼前会不由自主地浮现出各种室外活动的画面。对，他们总是在室外！大部分时候在海滩上，有时是在大山里徒步旅行，有时和朋友在露台聚餐，或者在世界上最酷的艾伯特·肯尼大道（Abbot Kinney Boulevard）上闲逛……

我要告诉大家的是，其实加州人的室内生活也一样地丰富多彩！说实话，尽管近几年房租越来越高，独门独院的房价也越来越贵，但加州人现在还能够（也许在不久的将来就不能够了，唉……）以纽约、伦敦或者巴黎的一套单元房的价格在当地买一套独门独院的房子。虽然不是那种带着泳池的私家大别墅，但至少是那种由工匠们手工打造的风格精致的木质房屋。这类房子出现在20世纪初，一直盛行到30年代。其最大的特点是由工匠们采用天然的材料纯手工建造，屋顶通常都是三角形，木质，风格独特，魅力十足。在那个年代，家家户户都可以敞开大门，人们喜欢坐在屋檐下看书，在自家花园里打理各种花卉，不出门也一样可以享受生活。是的，美好的户外生活，很好；休闲舒适的室内生活，也很好；两者兼有，就是完美的生活！

加州室内的装修风格常常被各种专业装饰杂志复制、深度分析。这种风格有一个共同的特点：室内和室外相结合。它们永远和大自然这个幸福生活的源泉连接在一起。同时，他们的风格重视光线和纯净，给人的精神世界和创意灵感提供充足的呼吸空间。他们抵制过于复杂的设计，过滤让人感觉低沉的灰色，这种风格体现了一种对美好的理想生活的追求，与北欧人的简约风格和日本人的极简风格并驾齐驱。（这两者同时也是加州人灵感的源泉之一！）

怀旧的装饰风格

加州的装饰并不是以迷人的洁白墙壁和迷你仙人掌为根源的。漫步在洛杉矶街头，你会看到老城区里有很多平房，那种叫作"邦阁楼斯"（bungalows）的老式低矮房。这种类型的房子通常是以一条长廊为中心，环绕长廊四周而建，一般有两层楼。长廊中间有时还有一个喷泉和雕塑。你可以想象一下玛丽莲·梦露曾经在此居住过，大卫·林奇曾把它作为其影片《穆赫兰道》的背景。今天大家走在路上还有可能碰到一位不同寻常的好莱坞百岁影星。这些房子有的很华丽，让人联想到洛可可风格；有的则比较简单，整体看起来陈旧不堪却魅力无限：窄小的房间、昏暗的光线、陈旧无光的地毯、老式的空调机……这样的画面，陈旧密闭的同时又透着一种浓厚的怀旧感，让人更多地联想到好莱坞昔日的神秘色彩，而不是当前的高雅品位。

同样，如果把所有城市风光的图片放在一起来看，你会看到沿街那些漂亮的西班牙农场庄园式的住宅，有趣的法国萨瓦木质小屋的翻版，好莱坞城区中心的木框架房子，还有那些暴富后梦想当"地主"的有钱人的小型城堡。总之，你会看到所有那个年代物质允许下的各种奇异风格的建筑，还有工业电影时代初期的各种新奇创意。那时候人们喜欢把室内装修得比较复杂，有的喜欢把室内打造成西部风格，有的则偏爱英伦式小屋的风味，还有的喜欢巴黎凡尔赛宫式的装潢。至于神秘的弗莫撒（Formosa）或者穆索&弗兰克（Musso & Frank）酒吧，过去它们有名不是因为它们今天那宜人的露台风光，而是因为它们那室内的昏暗灯光和黏乎乎的皮革长椅。多少人曾在那皮革长椅上喝着鸡尾酒、写着剧本或者一本从来没有出版过的小说！

除了这些特色，当地的装修风格还很多样。很多装饰品商店出售厚地毯、绒质手扶坐椅、织锦工艺窗帘，或者其他具有民间特色或民族风情的装饰品。这些装饰品或复古，或豪放不羁，或蕴含历史文化，或带着罗曼蒂克的色彩，大家可以各取所爱，用它们来给家居室内装饰增添不同的色彩。许多人已经不再对室内设计的布局采取统一化的方案了，他们把四处精心寻到的各种宝贝放置在室内的各个角落，把自己的个人色彩融入到室内的装饰里，打造个性化的装修，用它们来体现自己的个人品味。

新的潮流

我之所以在这里说新的潮流，是因为在20世纪50年代，曾经有一股巨大的潮流影响了当时的设计，这股潮流首先奠定了加州建筑风格的基础，随后又影响到了今天大家熟悉的室内装修设计。

线条棱角分明的建筑设计，平顶屋，宽敞明亮的空间，全景落地窗，无处不在的自然光线，现代主义设计师们巧妙地把设计和大自然结合在一起，把他们的建筑融入到了大自然当中，或者说把大自然融入到建筑设计中。他们的这种设计理念在几十年后的今天依旧充满吸引力。

整个加利福尼亚州的建筑风格受到"永恒"的斯塔尔住宅（Stahl House）的"神话"所影响。斯塔尔住宅又名案例住宅22号（Case stadg

hoase #22），1959年由建筑师皮埃尔·柯尼希（Pierre Koenig）设计，它坐落在好莱坞山丘之顶，俯瞰整个洛杉矶城。摄影师朱利叶斯·舒尔曼（Julius Shulman）在后来拍摄了一组斯塔尔住宅的照片，更加彰显了该建筑的风采。如今的斯塔尔住宅是无价的，而在当时，建筑师丝毫没有想到他设计的这座建筑多年后会如此吸引亿万富翁。恰恰相反，建筑师皮埃尔·柯尼希毕生致力于工业化预制的可负担住宅，他的设计理念简单，主张全部使用廉价的工业预制材料，以解决中产阶层的住宅问题。其实他的这种理念在当时并不是什么革命性的新概念。早在20世纪20年代的早期现代主义运动中，包豪斯运动（Bauhaus movement）和柯布西耶（Corbusier）就已经宣扬了美术和工业化社会调和的理念。只是在当时战后重建的大环境下，潮流很快从少数先锋派普及到大众中，并引发了大规模的建设，由此塑造了加利福尼亚的新面貌。

漫步西好莱坞别墅区，经过辛德勒别墅（Schindler House）时游客们会不由自主地惊叹止步。辛德勒别墅是一座由建筑先驱大师鲁道夫·辛德勒（Rudolf Schindler）于1921年和他的建筑师朋友一起打造的标志性建筑，拥有灰白色的墙面，红木门窗和天花板，采光良好的高开天窗和落地窗，还有受日式建筑影响而设计的推拉式活动门。之所以特意提到这座建筑物，是因为觉得它可以帮助我们理解今天建筑风格的简洁大气：这些房子落成后，其室内的装修风格不再是昔日的那种塞满家具、墙上挂满名画或者各种装饰品的风格。今天的室内装修风格和昔日的雍容华贵完全相反，只收纳最主要的实用的东西。

反对麦当劳式的房子

现在，让我们从洛杉矶城地势高的一端出发，开始漫步街头吧。除了前面提到的那些拥有近百年历史的，体现着昔日建筑师们那来自世界各地建筑风格的灵感的老式建筑物之外，一路走来，大家会看到越来越多简洁的新式房子，它们全都拥有钢筋混凝土框架和大落地玻璃窗，这些房子在设计上多少模仿了斯塔尔住宅。对我们这些外籍人士来说，第一眼看到时还觉得设计很有新意，感觉很不错。看到第二个同样的房子时，大家都说："看，还有一个。"但接着，看到第三个、第四个、第五个……有的还在建造中的时候，漫步者的语气变了，开始感叹起来："啊，太可惜了，这里也要建新房子吗？这座百年的西班牙式房子也要被拆掉了吗？"这时我们看到了一个当地居民挂的招牌，上面写着："反对过多的麦当劳式的房子"，"麦当劳式的房子"（McMaisons）是当地人给这些千篇一律的房子起的外号。这些房子虽然不是一模一样的造型，但都是同一个类型，千篇一律，同时占地面积过大，导致邻里之间没有分界线。这些民房第一批还很吸引人，但是多了之后，大家发现，它们最终和麦当劳的巨无霸汉堡包一样奇特和难以消化。加州的现代建筑风格是迷人的，但同时它也难免有令人遗憾的地方：它抛弃了过去的东西。

是的，和其他许多领域一样，"加州产"美学有它自己的历史，这个历史既不完美也并不总是充满正能量。不过所幸当前过热的房地产开发也不完全只开发麦当劳式的房子，它同时也开发了无数新的有生态环保意识的建筑。这些房子无论是在外观设计上还是在其内部装修上都体现出人们对生态环境的重视和保护，勾画出的是一幅平和安详的港湾蓝图。居住在这样的港湾里，你可以吸收许多的正能量，养精蓄锐，获取灵感。

加利福尼亚式房屋梦

人们常常把洛杉矶称为一个大的露天建筑博物馆。的确，承载着各种传说的今昔建筑物遍布洛杉矶的大街小巷。这其中有普利兹克建筑奖得主法兰克·盖瑞大师的诸多杰作，尤其是他那著名的有着"盖瑞式"金属屋顶的沃特·迪士尼音乐厅和外形呈望远镜形态的写字楼Binoculars Building。还有约翰·劳特纳的杰出作品切莫斯费住宅（the Chemosphere House），其外形看起来像是一个栖息在高空木桩上的太空飞碟[1]。此屋曾出现在由布莱恩·德·帕尔玛（Brian De Palma）执导的好莱坞影片《粉红色杀人夜》（*Body Double*）中，影片主人公杰克就是在这个住宅里偷窥到了远处邻居家的秘密。

有些私人住宅是可以供外人参观的，大家可以去实地参观或者在网上浏览图片。参观的时候，你会发现，加州房屋的感觉一下子就找到了。

弗兰克·劳埃德·赖特（Frank Lloyd Wright）的蜀葵之家（Hollyhock House）

该别墅坐落在山丘之顶，落成于1921年。其建筑风格充分体现了大师的独特设计，室内的木质家具更是让人爱不释手。

查尔斯和瑞·埃姆斯（Charles et Ray Eames）的埃姆斯住宅（Eames House），又名案例住宅8号（Case Study house # 8）

这对以室内家具设计闻名世界的伉俪（比如著名的埃姆斯椅子，带彩球的挂衣架）居住在圣莫尼卡附近森林中的一座呈长方形的大别墅里。为

---

1 译注：该建筑是一个呈八角形的木构房屋，由一根混凝土中心支柱撑起，坐落在好莱坞山顶，可以俯瞰整个洛城。

了营造一个舒适温馨的氛围，他们在书房、地毯、壁毯，还有各种植物上面都会精心地设计和装饰。

皮埃尔·柯尼希的斯塔尔住宅，又名案例住宅22号

该住宅属于必参观的建筑。其室内装修风格体现了简洁明了的极致美。

理查德·诺依特拉（Richard Neutra）的杰出作品诺依特拉VDL住宅（La Neutra VDL House）

别墅的设计风格把现代主义的简洁明了推向了极致。面对着房子的平面与它那几何线条的梁柱，你再也不会去梦想其他更完美的简洁了。大师在此打造了包括棕榈泉镇在内的极具特色的地方风格。

光线行动

　　让人羡慕的加州装饰风格中，什么是第一要素呢？是大自然，抑或是光线？或者，两者兼而有之？从设计师打开图纸的那一刻起，这两个因素就同时被握在了设计者的手中。房子设计的方向是向外伸展开的，要能同时把大自然的风景和光线引进室内。落地玻璃窗则能让人看到独特的全景……或者至少有能引向外面的露台，可以直接通向外面的人行道（这个不会有什么大影响，并且相对来说还是比较宜人的，因为当地的居民区住宅通常都是围绕着主要街道、商业区、市中心或者主要干道而建）。要不然也可以利用天花板借天井采光，或者在楼梯处开一个小天窗，透过天窗可以看见外面的棕榈树和太阳。这样，就算是在天气糟糕的5月和6月（它们分别被称为"灰色的5月"和"幽暗的6月"），人们在室内也能感受到满满的加州光线。我说满满的，是因为除了这些窗户的采光效果外，还有房子的空间效应：房子因为占地面积大，拥有宽敞的房间，屋顶的天花板很高，且室内少有隔墙和房门，空间视野显得更加开阔。这有点像奥斯曼风格建筑：巴黎阴雨连绵的日子里，多亏了高大开阔的室内空间，人们在室内也能感受到明亮的光线。由于室内隔墙少，为了隔离房间，人们选用地毯做为地面分界线。这些地面上的几何线条并不互相连接封闭，而是各有走向，好像永远没有尽头，每一个空间也并不局限在一个小方形当中。设计者好像是有意把分界线设计得

错综重叠，给人一种立体感：这里是厨房的一角，沿线而行可以通向外面，那儿是楼梯中间开出来的一个半层柜台。通道看起来错综复杂，你感到要迷失的时候又忽然柳暗花明，有时又觉得畅通无阻，因为走廊四周没有需要不停开关的门！

这就是理想的建筑风格。当然，不是所有的人都拥有这样的建筑，哪怕是在加州。加州风格的特色在于人们对装修设计理念付出的精心努力。努力从设计图纸的第一个字母开始，并且要极其认真地贯穿始终。与此同时，庞大的财政预算也要同步跟上。但一定不要选择那种过度的金色装修！人们经常在一些杂志里看到这种夸张的设计，它们常常是那些明星装修师的杰作。举个有趣的例子，你可以在网上查一下设计师马丁·劳伦斯·布拉德（Martyn Lawrence Bullard），他是有名的设计师之一，但却不是落笔最轻、最简洁明了的一个。相比之下，室内设计师凯利·韦斯勒（Kelly Wearstler）显得很谦虚。不过，这也不妨碍这个娱乐圈的朋友拥有instagram账号（@kellywearstler），看那些图片，大家发现她的品味有时同样显得过于华丽多彩。

加州室内装修可以很随意、个性化。主人会看似不经意地在某处放置一个显露其个性的大理石小托盘或者一个金色花瓶……总而言之，加州人把他们那加利女孩或加利男孩特有的超酷的悠闲生活态度融进了室内设计当中。这种态度和他们对自己家庭室内装修设计的极其认真的态度丝毫不矛盾，各种新时尚理念的装修公司也在不断地增加。

不论是哪种风格的室内装修，重要的是永远记住以下这两点：

- ➥ 一定要考虑到自然光线，尽最大可能采光，引进自然光线。

◆ 尽量利用自然环境，尽最大可能地贴近大自然。

自然风光和自然光线风格的装修要点

◆ 墙壁粉刷成白色。白色，仅此而已。不要用颜色来玩明暗对比的游戏，也不要用墙纸，就用最简单的白色，从地面墙壁到天花板，清一色用白色。

◆ 不过你可以借用家具来增添一点柔和的色彩，比如一排茴香绿色的金属坐椅，一个重新手工漆成紫色的旧式木质橱柜……

◆ 浅色木质材料。浅色木质地板会让室内显得明亮，浅色木质家具能给人一种真实的自然感。原木材料制品在加州的家具行业里四处可见。尤其对那些喜欢自己动手打造物件的人来说，木质材料很容易上手。

◆ 大理石台面。白色的大理石厨房工作台是传统的经典。如今盥洗室的大理石台面运用没有厨房这么广泛了。大理石太贵了，富人用得较多。现在人们大多用马赛克瓷砖取代大理石来装修盥洗室。

◆ 采用铜质材料或者金色材质的材料。这些材料反光效果好，它们适合点缀桌椅、镜子、花瓶、烛台，或者玻璃器皿。

◆ 采用柳条编织品。加州人喜欢在家里四处放置他们在农贸市场买来的各种柳条编织篮。

◆ 同样的还有藤条编织品。20世纪七八十年代的藤制家具又回来了，尤其是那最亮眼的藤制摇椅。加州人把藤椅挂在天花板上！这也太具有加州特色了！

◆ 总而言之，尽量用原始材料。不要油漆加工打亮过的家具和塑料制品。也可以有例外，比如把一个甜甜圈一样的巨大的轮胎涂上色彩后随意放置在客厅里……

◆ 摆放循环再利用的旧家具，包括钢铁打造的旧家具。这些再利用家具营造各种各样的风格。加州人喜欢跳蚤市场，街头不定期的旧货摊，或者逛美国人称为庭院销售的交易市场（yard sales，一种私人在自家门口摆摊卖旧货的交易形式）：四处淘旧货是周末全美的"国家级"活动。

◆ 玻璃窗外不要挂窗帘，实在要挂的话，就挂那种最简单轻巧的白色纱窗帘，或者安装透光的百叶窗。

◆ 虽然有很好的自然采光，台灯还是一个不可缺少的物品。请优先选择那种不直射的台灯。不必采用天花板顶灯，尽量选择照明和装饰效果兼具的灯具，比如壁灯、台灯……

◆ 室内尽量空旷、整齐。同样的光线条件下，一个摆满家具和杂物的空间和一个简单清爽的空间给人的感觉是完全不一样的。后者让人感觉轻松祥和。所以，请整理好各种小玩意儿，以及那些成堆的报刊杂志！

◆ 模糊室内外家具的分界线。通常用于外面花园里的桌子、椅子、躺椅，还有露台用的彩灯环都可以被请到室内的客厅里。也可以把滑板车和自行车都拿进来，就算你没有院子，这样一来，感觉好像就在院子里一样。

◆ 植物，许许多多的植物。仙人掌可以带来沙漠的感觉。多肉植物可以净化空气。而水族馆里常见的精致小植物可以促进花园里种植的厨用香料的生长，各种吊兰可以给人一种温暖的感觉……

令人愉快的公共场所！

为什么当人们在网上查询信息，输入"加州装饰设计"的词条时，网上搜索显示的结果总是那些私人住宅呢？要知道，同样的风格在一些向公众开放的地方也能找得到。

马利布特兰卡斯县市场和马利布村

（Trancas County Market et le Malibu Village）

这两个大的购物中心的设计充分体现出对人造照明和封闭式建筑的抵制：新的商场完全对外敞开，选择最佳采光角度，体现出生态环保的意识，商场周围有绿草坪、树林、自由生长的各类植物，远处的背景是大山，购物中心的建筑材料全都是木头和石头等天然资源。

地址：

– 马利布特兰卡斯县市场太平洋海岸公路

（Trancas County Market Pacific Coast Highway，Malibu）

trancascountrymarket.com；http：//trancascountrymarket.com

– 马利布村十字溪路

（Malibu Village，Cross Creek Road ，Malibu）

www.malibuvillage.com

◆

市中心的春天护理中心（The Springs）

这个昔日的大杂棚如今被改造成了一个瑜伽运动中心和护理中心。网上把它描述为城市里的沙漠绿洲，它其实更多的是一个枢纽中心（hub，美国和法国时下的流行语，意指精英汇集在一起）。这里还有一个健康饮食餐厅，一个有环保理念的瑜伽服饰专卖店，一个天然石头首饰店……还有很多绿色植物，加上浅色木质的配置和该中心灯光色彩点缀的水泥混凝土结构，整个中心的环境显得更加优雅。

春天护理中心地址：

– 洛杉矶市中心马特奥街

（The Springs，Mateo Street，Downtown Los Angeles）

www.thespringsla.com

好莱坞、银湖区和其他区域的"现在"护理中心

这个价格公道的迷你按摩连锁店的发展速度惊人，其店铺良好的自然光线让人一进来就感觉到轻松自然。它的木质结构、亚麻窗帘、兽皮等也给人一种舒适惬意的感受。一般普通的水疗中心容易让人怀疑它的卫生环境，而这里四处可见的仙人掌让人更多地联想到辽阔无垠的沙漠。该店甚至得到了法国时尚杂志《时尚》（*Vogue*）的高度认可！

"现在"有好几家店面，包括好莱坞区富康大道（Beverly Boulevard，Hollywood）和银湖区日落大道（Sunset Boulevard，Silver Lake）

thenowmassage.com

友好热情 温馨舒适

　　有一点我在本书里常常重复，那就是加州人是热情友好的。他们喜欢集体活动，喜欢笑眯眯地和人闲聊，喜欢把朋友都请到家里来一起热闹，虽然不认识，但是他们会张开双臂热情地接待朋友的朋友，并且奉上可口的鸡尾酒。自然，主人的这种热情也感染着来客。我记得影星珍妮弗·安妮斯顿和布拉德·皮特分手的时候（是的，这是很久以前的事了，我的记忆力不错），珍妮弗曾开玩笑说她终于告别了那些设计奇特的椅子，从此可以坐在自己家舒服的扶手椅上了。要知道皮特是一个热爱各种建筑风格和设计的狂人！我不知道他们分手之前是不是经常在家接待朋友，但我至少知道皮特是俄克拉荷马州人，而珍妮弗是地道的洛杉矶人，正因为如此，她才会这么说。作为一名地道的加州人，她也许只是想和其他所有好客的加州人一样，想要一套符合两个最基本的条件的家具：给人舒适感和热情友好感。或者至少要有起码的舒适感。因为一旦感觉舒适了，客人就不会着急着要走。至少要把你的热情表现出来给客人看，让他们感受到你的友好，让他们舒服。

珍妮弗·安妮斯顿喜欢的友好家居装饰

◆ 宽敞、整齐、简洁的环境，但也不是完全空荡荡的。家里要准备多种样式的舒适坐椅，并且还能让人以舒适轻松的姿势靠着或者斜躺着，比如在地上铺着厚实的地毯，散放着各种靠垫，大豆袋沙发，宽大柔软的可移动沙发，让人深陷进去的舒适扶手椅，棉布质地的躺椅……

◆ 一张大餐桌，保证客人们在餐桌上没有拥挤感。不要把大餐桌放在封闭的空间里，比如厨房。最好把它放在客厅里，或者是厨房延伸至客厅的空间处。

"怎么样，大家开始上桌吧？"这是法国人在开胃酒过后，主人宣布晚餐开始时习惯性说的一句话，客人此时才开始纷纷在餐桌旁就坐。这和美国的休闲气氛完全不相符。他们上桌没有这么正式：在喝开胃酒聊天时，有客人已经随意地把酒杯放在了餐桌上，还有客人挪走了餐桌前主人事先摆好的椅子。

◆ 吧台，这个过去典型的美国厨房里的装饰如今也席卷了世界各地的厨房。吧台也是他们的悠闲自在的生活方式的一个组成部分。客人们靠在吧台旁一边和主人聊天一边看着主人做菜，他们还会时不时地参与一下，给主人打下手，帮忙拿一下东西。当然也不排除客人会帮倒忙，比如东西没有传递好，主人没有接住面粉袋，结果面粉洒了一身一地，主人客人嬉笑打闹成一团。亲身体验一下这些好像只有电影里才能看到的场面吧！（当然，事后清洁打扫战场的场面电影里是看不到的。）

　　如此友好温馨的家庭聚会和加州干燥的气候以及太阳底下晒得燥热的室内好像有些格格不入。其实不然。他们在室内装饰方面非常用心，会尽量营造出一种柔和温馨和友善的气氛。他们还引进北欧的幸福生活艺术（hygge，北欧幸福生活的代名词，2016年底传遍全球），采用他们的室内装饰用品来增强柔和气氛，比如柔软的格子呢搭肩、羊毛质地的靠垫、毛皮质感的装饰、香料蜡烛。我甚至还看见他们在家里安置电壁炉，人们围绕着电壁炉讨论壁炉中的柴火从不消耗减少的奥秘！无论是真的火焰还是假的电火焰，壁炉在丹麦的漫长冬夜里是非常美妙和温馨的。在前面的章节里我曾经提到过加州也有凉风习习的夜晚，这个时候，壁炉篝火会打造一个温馨完美的柔和气氛。

加州人的装饰灵感和风格还来自其他各种民间工艺制作。我在前面已经提到过，加州，不，整个美国是一个各种历史文化和艺术的大熔炉，它拥有多样的历史文化，整个美国的文化艺术就像一张马赛克拼图。加州人很喜欢代表美洲或加州的民间和民族特色的装饰品，比如悬挂在墙上的印第安人的捕梦网，20世纪70年代，人们用钩针编织的用来放植物花盆的网兜。他们的地板上铺着的地毯或者墙壁上挂着的壁毯，玄关处挂着旅游时带回来的其他州的州旗，还有从旧货市场淘来的动物头的标本。加州还有很多的音乐爱好者，他们当中有很多人年少时期是一名音乐人，吉他也成了他们室内的一种装饰品：他们把收藏的吉他放在一起展示出来，对客人的好奇动作也毫不在意。所有这些成就了加州的室内风格。当你仔细地观察他们的室内摆设时，你会发现在整齐简洁大气之外，还能感受到某种个性，一种真实的生活阅历，就好像每件物品都在无声地讲述着曾经的主人的故事。尽管在美国，人们常说一切都是物质金钱的买卖，但这一切，你无处可买。

这种富含底蕴的友好的装饰风格还有最重要的一点，那就是手工制作："家里自制的""自己动手"的标签处处可见。加州人喜欢自己动手打造物品，他们经常去各种手工作坊（workshops）参观学习。陶瓷最受人欢迎，陶艺课常常人满为患。所有人家里都会有那么一个陶制碗，做沙拉时用的盘子、花瓶、花钵，要么是自己做的，要么是朋友做的，或者是旧货市场淘来的。很多人把这种业余爱好变成了职业，改行做了陶器商或者卖自制蜡烛肥皂的个体户。每个周末都有手工制作品的专卖集市。这个行业中不断地涌现出新的商店，出售各种手工制作工具、材料和服务。手工制作结合了个人的兴趣爱好和绿色环保理念。人们在店里可以找到所有的必需材料来制造物品或食物。居民们在学习之余还互相交流经验。我认识这样一位妈妈。她在圣诞节期间教孩子们做各种富有诗意的装饰品，比如把细小的木棒缠上各种色彩的羊毛线放在花瓶里，或把粗大的木棒挂在墙上。我甚至在一家装饰杂志上看到了加州风格的介绍！

创建和共享的理念有时会走得更远。室内设计的舒适和友善逐渐超出了它自身原有的范围。最近几年各大居民区出现了很多共享微型图书室。人们在家门口摆放一个自己用木头和玻璃制作的小书柜，里面放满书。行人路过时可以随手借去看，以后再还回来。有的人只是好奇地看两眼。这既是一种聪明的经济模式，同时也是一个让邻里关系密切的好渠道。

他们同时还和大家分享他们的各种创意，
最有影响力的网络博主

@sfgirlbybay

这名博主来自旧金山，在洛杉矶居住。她在instagram上发布的照片吸引了大批的装饰爱好者。她形容自己的风格是现代波西米亚风格。这些照片使她成为人气博主。她的博客内容成了大家在室内装修设计时在颜色、纹理、细节方面获取灵感的源泉。

@justinablakeney

这位博主是《新波西米亚人》一书的作者。她酷爱植物、饱和的颜色和有异域色彩的壁纸。她把自己的风格描述成野生的、阳光灿烂的、愉悦开朗型。她的家装看起来像热带丛林和都市单家独户的平房结合起来的产物（在我个人看来）。热带丛林平房，这也是她给她的家具和配饰系列的命名。

@greyandscout

这个室内设计师住在丹佛，但这没有任何关系，加州风格是没有国界的，他是个四处汲取灵感和经验的设计师！仔细看看他的室内设计，那洁白无瑕的白色墙壁，宽敞通风的空间，透着异域风情的各种细节装饰，还有那好像从来不知道黑夜和乌云是什么的太阳光线，你恍惚觉得这是洛杉矶某处的豪华别墅。

@studiodiy

"把生活打造成派对式！"凯利·敏德尔（Kelly Mindell）如是说。她笔下的洛杉矶和别人的很不相同：她的风格带有欢乐和浓郁的色彩。她可以让一串糖果项链显得高雅，也能用金光闪闪的彩笔、迪斯科球和彩虹蛋糕来提醒自己生命如此短暂，不要错过各种美好！因为加利福尼亚风格不仅仅只是休闲优雅，它同时还可以非常有趣。

2005

巴特卡铺（H. D. Buttercup）拥有大型的店面，店里商品琳琅满目，一应俱全，囊括了加州人家居生活中所需的全部基本装饰材料和设施，是当地人生活中必不可少的一部分。

IKEA   **42 000 M²**   IKEA

这是洛杉矶伯班克的宜家家具店的占地面积，这家店还装有太阳能电池板。和其他地方一样，宜家连锁店自1990年进驻加利福尼亚州以来，一直受到人们的喜爱，尤其是该品牌的"毕利"（Billy）系列。

6

加利福尼亚的无印良品店数量，包括好莱坞中心的一家、圣莫尼卡海滩附近的一家和旧金山的一家。加利福尼亚人对日本的简约主义有着独特的喜爱，并且他们把极简理念很好地融入到了加州风格中。

玫瑰碗旧货交易会

每月一次的帕萨迪那市玫瑰碗跳蚤市场有2 500多个摊位，前来淘宝的人大约有两万。人们都希望在这里找到心仪的宝贝，给室内家居增添独特的色彩。

0 $

五金装修（Restoration Hardware）是一家昂贵的高档奢侈家居店，它在梅尔罗斯商业大街拥有一席之地。尽管如此，在其顶部的露台上休息却完全可以做到零消费。那里设有供人们吃饭和休息的长桌长椅，大家可以坐在上面听音乐、休憩，俯瞰好莱坞。另外他们还配置有乒乓球台和台球桌供人们享用。温馨舒适的环境，各种有创意的设计装饰，却不用花一分钱，这一切让人觉得很美妙。

巴特卡铺（H.D.BUTTERCUP）高档家具店

- 卡尔弗城赫尔姆斯大道（Helms Avenue，Culver City）
- 洛杉矶市中心东第7广场（East 7th Place，Downtown Los Angeles）
- 圣莫尼卡百老汇（Broadway，Santa Monica）

hdbuttercup.com

伯班克宜家家具店（IKEA BURBANK）

- 伯班克南宜家路（South Ikea Way）

www.ikea.com/us/en/store/burbank

无印良品（MUJI）

- 好莱坞区好莱坞大道（Hollywood Boulevard，Hollywood）
- 圣莫尼卡主大街（Main Street，Santa Monica）
- 旧金山第9街（9th Street，San Francisco）

www.muji.com

五金装修高档家具店（RESTORATION HARDWARE）

- 西好莱坞梅尔罗斯大街

（Melrose Avenue，West Hollywood）

www.restorationhardware.com

ED RUSCHA

LOS ANGELES
APARTMENTS

如何打造让人感觉舒畅的温馨室内空间

– 室内空间最大化：少用隔墙板，尽量扩大客厅，装大窗户。还可以通过使用大镜面来增加光照。

– 让阳光照进来！把墙壁全部刷成白色。采用色彩柔和或亮丽的摆设来烘托气氛。

– 把室外的感觉引进到室内，把植物移到室内：多肉植物和仙人掌可以摆在客厅和卧室里，浴室和厨房也可以有它们的空间。

– 优先采用天然材料制作的家具或装饰品：原木、美丽的石头、柳条，还有羊毛、亚麻、棉花……可以和金属制品混合搭配。

– 室内可以全部或部分摆设旧式家具、再利用家具，或者是翻版再造产品。去跳蚤市场淘宝。

– 避免把室内堆积成一个杂货店，也不要给人占有欲太强的感觉。

– 给他人想进来的欲望，让他们愿意坐下来，提供各种舒适的长沙发、扶手椅、大豆袋沙发。

– 将来自加州沙漠风光的灵感和其他文化的元素结合起来：北欧国家的 hygge 暖意风格、日本的简约主义、异族图案、真实的民间艺术……

– 随意摆放一些手工制作品。最理想的是自己的作品，也可以是买来的。

后记

在本书中，我分六章，六个不同的主题讲述了一部分那些我所观察到的，引起我极大兴趣的，使我着迷的东西，它们一点点地把我从巴黎带到了洛城。我适应了新环境新同胞的部分习惯（没有全部都习惯），我变得爱笑了，在我的英语水平允许的情况下能够最大程度与他人闲聊了，做了运动（一点），吃得很多（不过很健康，所以没关系），过去从不穿短裤的我穿上了短裤，涂了防晒霜。我甚至买了一个多肉植物和一些琥珀、紫水晶，还有混合宝石碧玺（目的是把握住所有的运气和机会）……总之，我实实在在地在当地生活过了，观看并且欣赏了落日。

诚然，加利福尼亚州的幸福是当地人自己的幸福，但同时，这种幸福感也可以是某种你自身的东西，一种你可以带到任何地方的简单的生活哲学理念。

我要这样做，我也希望这本书会给你同样的渴望。

让我们一起共享加利福尼亚式的幸福生活吧！